浙江省商务厅 编

浙江省电商扶贫案例集

Cases of Zhejiang's
Poverty Alleviation by
E-commerce

浙江工商大学出版社
ZHEJIANG GONGSHANG UNIVERSITY PRESS

·杭州·

图书在版编目(CIP)数据

浙江省电商扶贫案例集 / 浙江省商务厅编. — 杭州：
浙江工商大学出版社，2019.12

ISBN 978-7-5178-3360-4

Ⅰ. ①浙… Ⅱ. ①浙… Ⅲ. ①电子商务－扶贫－案例
－浙江 Ⅳ. ①F724.6②F127.55

中国版本图书馆 CIP 数据核字(2019)第 147061 号

浙江省电商扶贫案例集
ZHEJIANGSHENG DIANSHANG FUPIN ANLIJI

浙江省商务厅 编

责任编辑	谭娟娟	
责任校对	何小玲	
封面设计	李启贤	
责任印制	包建辉	
出版发行	浙江工商大学出版社	
	（杭州市教工路 198 号　邮政编码 310012）	
	（E-mail:zjgsupress@163.com）	
	（网址:http://www.zjgsupress.com）	
	电话:0571－88904980,88831806(传真)	
排　　版	杭州朝曦图文设计有限公司	
印　　刷	杭州高腾印务有限公司	
开　　本	710mm×1000mm　1/16	
印　　张	8	
字　　数	82 千	
版 印 次	2019 年 12 月第 1 版　2019 年 12 月第 1 次印刷	
书　　号	ISBN 978-7-5178-3360-4	
定　　价	35.00 元	

编　委　会

序　言

　　党的十八大以来，习近平总书记站在全面建成小康社会、实现中华民族伟大复兴中国梦的战略高度，把脱贫攻坚摆到治国理政的突出位置，提出一系列新思想、新观点，做出了一系列新决策、新部署，推动中国减贫事业取得巨大成就，对世界减贫进程做出了重大贡献。党的十九大报告再次强调，"让贫困人口和贫困地区同全国一道进入全面小康社会是我们党的庄严承诺"，明确要求"要动员全党全国全社会力量，坚持精准扶贫、精准脱贫，坚持中央统筹省负总责市县抓落实的工作机制，强化党政一把手负总责的责任制，坚持大扶贫格局，注重扶贫同扶志、扶智相结合，深入实施东西部扶贫协作，重点攻克深度贫困地区脱贫任务，确保到二〇二〇年我国现行标准下农村贫困人口实现脱贫，贫困县全部摘帽，解决区域性整体贫困，做到脱真贫、真脱贫"。

　　电商扶贫是国家精准扶贫十大工程之一，也是浙江省助力东西扶贫协作和对口支援工作的重要抓手。浙江省电子商务起步早、发展快，2018 年共有电商专业村 779

个、电商镇 77 个,分别占全国总数的 36.8% 和 32.1%,这在全国都是领先的。此外,全省累计建成农村电商服务站超 1.64 万个,覆盖了 58% 以上的行政村,建立了一套便利、安全的农民生活消费体系,电商扶贫的基础很好,为更好地打赢脱贫攻坚战,实现精准扶贫、精准脱贫,确保如期完成脱贫攻坚任务,打下了坚实的基础。为了进一步贯彻落实国家电商精准扶贫的战略部署,促进浙江省东西部扶贫协作工作更好地开展,2018 年 5 月,浙江省委、省政府办公厅印发了《关于浙江省助力东西部扶贫协作地区脱贫攻坚的实施意见》。该意见建议将浙江省在电商领域的资源优势与对口帮扶省份的产业优势相结合,因地制宜、优势互补,以更好地促进帮扶地区的快速发展。截至 2018 年 12 月底,浙江对四川、吉林、贵州、湖北 4 省 80 个县(市、区)进行对口帮扶协作及对新疆、西藏、青海 3 省(自治区)13 个县(市、区)开展电商扶贫支援工作,都产生了良好的效果,为当地脱贫工作的顺利开展注入了浙江动力。

本案例集在深入学习习近平总书记精准扶贫思想和扶贫攻坚理论的基础上,收集汇总了浙江省电商扶贫工作的开展情况,其中包括省级、地市级、县(市、区)级和主要电商平台的扶贫案例 105 例,展示了浙江省东西部扶贫协作、电商扶贫的经验做法和取得的初步成绩,为电商扶贫的理论和实践提供了浙江样本。

扶贫先扶志,扶贫必扶智。电商扶贫为精准扶贫工作提供了一条全新的路径,实现了扶贫工作由传统的"授人以鱼"向"授人以渔"的转变。过去扶贫工作是"授人以鱼",主要是依靠非政府组织、基金会等直接给贫困地区捐钱捐物,或者依靠政府的政策救济。然而,输血不如造血。电商扶贫为精准扶贫找到了可行的方法和手段,也为农村电商提供了持续的支持和动力,其中浙江省的电商扶贫工作注重平台建设、供应链建设、人才培育、公共服务等方面,注重赋能贫困地区和贫困主体,完善电子商务产业生态,有效实现了经济落后的贫困地区通过农村电子商务的发展实现弯道超车。

脱贫攻坚是一场持久战。正如习近平总书记指出的,"贫困之冰,非一日之寒;破冰之功,非一春之暖。做好扶贫开发工作,尤其要拿出踏石留印、抓铁有痕的劲头,发扬钉钉子精神,锲而不舍、驰而不息抓下去"。电商扶贫是近年来新兴的扶贫手段,做好电商扶贫工作更需要我们发扬真干、敢干、实干的精神,锲而不舍,按照持久战的方向,长久地关注和支持脱贫攻坚工作,为全国电商扶贫攻坚战贡献浙江智慧,为全面建成小康社会做出应有的贡献。

浙江省商务厅厅长

2019 年 3 月

目　录

第一篇　扶贫理论政策梳理

十、打通县域农产品上行通道,"安厨模式"助力脱贫攻坚

第一篇
扶贫理论政策梳理

一、扶贫理论演进与精准扶贫政策

党的十八大以来,习近平总书记将扶贫开发工作视为坚持社会主义道路和全面建设小康社会的要求,多次深入贫困地区调研,针对扶贫开发工作发表了一系列重要讲话,深刻阐明了当前及今后一段时期我国扶贫开发工作的战略思想和战略步骤,创新发展了我国扶贫开发战略理论,丰富发展了中国特色社会主义共同富裕思想。习近平总书记指出,扶贫开发是"社会主义的本质要求",扶贫开发要坚持发挥政治优势和制度优势,深刻阐释了消除贫困对于扎牢执政根基、巩固执政地位的重要性,充分体现了以人民为中心的发展思想。习近平总书记明确指出:"我们不能一边宣布实现了全面建成小康社会目标,另一边还有几千万人口生活在扶贫标准线以下。如果是那样,就既影响人民群众对全面建成小康社会的满意度,也影响国际社会对全面建成小康社会的认可度。所以'十三五'时期经济社会发展,关键在于补齐'短板',其中必须补好扶贫开发这块'短板'。"这十分明确地将扶贫开发摆到了治国理政的重要位置,上升到事关全面建成小康社会、实现第一个百年奋斗目标的新高度,明确了"到 2020 年我国现行标准下农村贫困人口全部脱贫,贫困县全部摘帽,解决区域性整体贫困"目标。扶贫开发是第一民生工程,在习近平总书记扶贫思想的指导下,我国从 2014 年起,将每年 10 月 17 日设立为"扶贫日",这表明了中国共产党和中国政府向贫困宣战的决心。

(一)习近平总书记的扶贫开发理论内涵

经过 40 多年的改革开放,中国特色社会主义已经进入新时代,党和国家的事业达到前所未有的高度,贫困人口正在大规模减少,但是贫困还没有被完全消除。习近平总书记指出:"扶贫不是慈善救济,而是要引导和支持所有有劳动能力的人,依靠自己的双手开创美好明天。"输血式扶贫不能实现真脱贫、脱真贫,只有充分调动贫困人口和贫困地区的积极性,着力激发贫困人口内生动力,才是长久之计。扶贫先扶志,通过宣传教育、榜样带动、奖励机制等手段激发贫困人口和贫困地区的致富决心,通过干部帮扶、技术指导、市场引导、各界合作等方式给予其信心,才能从根本上改变"穷病不可医""我穷我骄傲"的落后思想和懒散作风。扶贫还要扶智,智力扶贫是重要手段。当前的社会经济发展大趋势表明,人才是第一资源。扶贫要实现教育、医疗、住房"三保障",加强教育,实施智力扶贫是重中之重。习近平总书记多次强调,要坚持把"脱真贫、真脱贫"作为脱贫攻坚战的出发点和落脚点,以建档立卡制进行精细化管理,相继引入第三方评估、省际交叉考核、媒体暗访考核等机制,防止"数字脱贫"和"虚假脱贫"。

习近平扶贫开发理论高举马克思主义、毛泽东思想和中国特色社会主义理论旗帜,根植于火热的扶贫开发社会实践,满怀对人的深深情怀。其理论内涵与中国共产党的宗旨一脉相承,是马克思主义中国化的最新理论成果,是被实践证明了的关于消除贫困、实现共同富裕的正确理论原则和实践经验的总结。

1. 人本素质思想

贫困的根源固然很多,但智力投资不足和人本能力提升缓慢是贫困的重要根源之一,也是造成代际贫困的主要因素。习近平总书记格外关注贫困人口的素质问题,一针见血地指出:"农民有脱贫致富的决心,却伴有缺乏文化知识、科学技术的苦衷。"因此,要"正确处理数量与质量的关系,坚持持续、稳定、协调地发展教育事业,建立三位一体的教育体系,即基础教育、职业教育、成人教育"。不仅如此,还要广泛开展岗位培训,提高从业人员本岗位需要的工作能力和生产技能,全面提高劳动者的思想道德和科技文化素养,"培养更多的能脱贫致富的知识型劳动者"。素质提高了,脱贫才有保障。习近平总书记指出,提高贫困人口素质,"一是进行就业前的针对性培训,努力把现有的富余劳动力培训成为具有一定技术知识的合格劳动者;二是加强战略性的培训,重视智力投资,兴办各级职业教育,培养专门人才,努力把富余劳动力培养成为未来社会所需要的劳动力",最终实现"培训一人、输出一人、就业一人、脱贫一户"的目标。习近平总书记重视人本素质提高和阻断代际贫困的思想,既是对马克思主义关于"人的全面发展"的最好诠释和创新,也是加快贫困人口脱贫致富步伐的有效途径和重要保证。

2. 差异化策略思想

1978 年以来,我国扶贫开发工作经历了农村体制改革推动扶贫、大规模开发式扶贫、扶贫攻坚、21 世纪扶贫、14 个连片特困地区扶贫 5 个主要阶段。习近平总书记差异化扶贫思想贯穿整个扶贫开发进程。从早年他在闽东倡导实施"靠山吃山唱山歌,靠海吃海念海经"战略,指出民族地区"要从本地区的优势出发,扬长避短,兴利除弊,使区域生产要素不断优化,建立起一种最适合于少数民族地区生产力水平发展的经济运行机制",到在浙江时强调"要充分利用民族地区同其他地区的自然地域分工条件,发挥当地自然资源优势,根据民族的特点建立自己的'种、养、加'的经济模式",再到党的十八大要求"各级党委和政府聚精会神抓好扶贫攻坚工作,特别是要抓好革命老区扶贫开发工作,确保贫困地区人民群众同全国人民一道进入全面小康社会","要实事求是,因地制宜",指出"一个地方的发展,关键在于找准路子、突出特色。欠发达地区抓发展,更要立足资源禀赋和产业基础,做好特色文章,实现差异竞争、错位发展","要努力转变发展方式,着力提高发展质量和效益,不能'捡进篮子都是菜'"。

3. 生态扶贫思想

生态扶贫,是指从改变贫困地区的生态环境入手,加强基础设施建设,从而改变贫困地区的生产生活环境,使贫困地区实现可持续发展;或是通过对山、水、土地或荒漠等生态环境的综合治理,构建起一道道绿色屏障,向生态要经济效益。追溯到 20 世纪 90 年代,习近平同志就结合宁德扶贫的实际提出了"闽东经济发展的潜力在于山,兴旺在于林"的论断,他指出:"林业有很高的生态效益和社会效益,发展林业是闽东脱贫致富的主要途径。"并确立了"深化林业体制改革,充分调动各方面积极性,增强林业自我发展能力;以林为主,加强管护,立体开发,加快造林步伐,提高林业综合效益;广泛动员全社会力量大办林业,把林业发展同粮食生产、出口创汇、脱贫致富以及精神文明建设紧密结合起来"。在浙江工作期间,他根据"七山一水两分田"的省情,大胆提出"将生态环境优势转化为生态农业、生态工业、生态旅游等生态经济优势",把绿水青山变成金山银山的战略构想,强调"促进欠发达地区的发展特别是低收入农民的增收,要着眼于推进高效生态农业建设,充分发挥山区资源优势,大力发展特色产业,要在保护生态的前提下,科学有效地抓好山区资源开发,充分发挥科技特派员、农村工作指导员及其派出单位的作用,进一步提高欠发达乡镇特色产业的发展水平"。

党的十八大以来,习近平总书记在很多场合多次指出:"我们既要绿水青山,也要金山银山。宁要绿水青山,不要金山银山,而且绿水青山就是金山银山。"习近平总书记强调要"以系统工程思路抓生态建设","实行最严格的生态环境保护制度","让绿水青山充分发挥经济社会效益,切实做到经济效益、社会效益、生态效益同步提升,实现百姓富、生态美有机统一"。这种保持经济发展和保护生态平衡的系统思维,是习近平总书记从生态文明建设的高度对生态资源经济化、经济发展生态化的战略考量,有利于集约两种要素,促进贫困地区合理转化资源,创造更多生态财富惠及贫困人群,从而摆脱贫困。

4. 协作务实思想

扶贫开发是一项庞大的系统工程,它需要政府各职能部门、先发地区与后发地区通力合作,协作推进,共同发展。21世纪初,针对福建省与宁夏回族自治区建有对口扶贫工作机制的实际,习近平同志从巩固和扩大对口扶贫协作成果、坚持市县结对子、进一步扩大企业间的合作与交流、进一步加大社会扶贫的力量、拓展闽宁合作领域等方面,提出许多具体要求。到任浙江省委书记后,他更加重视区域合作、城乡协作,指出"现代化建设不能留盲区死角,实现全面小康一个乡镇也不能掉队",要进一步加大对山区、老区、少数民族地区和困难海岛等欠发达地区的扶持力度,加强区域协作,大力实施山海协作工程和欠发达乡镇奔小康工程,积极探索欠发达地区跨越式发展的新路子,要通过发达地区和欠发达地区之间经济、社会、劳务等全方位的协作,推动欠发达地区加快发展,使欠发达地区人民群众的就业机会不断增加,收入水平持续增高,生活条件明显改善,使他们真正得到实惠,真正享受到改革发展的成果,"着力形成先富带动后富、区域协调发展的新格局"。

5. 扶贫辩证统一思想

扶贫和开发是一对相互转化的矛盾统一体。习近平总书记扶贫开发思想处处闪耀着辩证统一的思想的光辉。早在20世纪90年代,他就针对宁德地区9个县中有6个国家级贫困县的现实,提出了"弱鸟可望先飞,至贫可能先富"的辩证说法,倡导"经济大合唱",依托国家政策和"滴水穿石"般的韧劲及默默奉献的艰苦创业精神,把本地的山水林地资源转化为脱贫致富的强项。习近平同志还以辩证的思维从"全局与局部的关系、紧缩和发展的关系、增加财政收入与搞活企业的关系、多办事和量力而行的关系"四个方面,回答了如何处理闽东贫困地区经济社会发展问题,要求正确认识"好与坏、有利与不利"相互转化的关系,并"把握事物运动的本质,加以正确引导"。他指出:"如果把压力转化为动力,促进发展理念的转变、增长方式的转变、政府职能的转变,那么发展就能走出一条新路,就能迎来柳暗花明又一村。"习近平总书记扶贫开发辩证统一的思想符合事物的发展变化总是由既相互排斥又相互依存、既对立又统一的矛盾运动所造成的这一基本规律,展现出其哲学智慧和战略思维能力,是理论逻辑、实践逻辑和历史逻辑的高度统一,是运用马克思主义世界观方法论分析问题和解决问题的典范,是指导当今中国扶贫开发的思想源泉。

(二)习近平总书记精准扶贫思想阐释

明代林希元在《荒政丛言》中提出:"极贫之民便赈米,次贫之民便赈钱,稍贫之民便转贷。"精准扶贫的前提在于提前摸清贫困人口的生活状况、致贫原因等,进而因地制宜、因户施策、分类扶持,提高扶贫的针对性与实效性。古人的做法,至今仍值得参考与借鉴。

1.精准扶贫政策文件解读

2013—2016 年,党和国家出台了关于精准扶贫、脱贫攻坚的一系列重要文件。2013 年 11 月,习近平到湖南湘西考察时首次做出了"实事求是、因地制宜、分类指导、精准扶贫"的重要指示,这是精准扶贫的首次提出。2013 年 12 月,中办、国办印发《关于创新机制扎实推进农村扶贫开发工作的意见》(中办发〔2013〕25 号),明确提出建立精准扶贫工作机制和健全干部驻村帮扶机制的工作要求。2014 年 3 月,中国人民银行、财政部、银监会等七个部门颁布了《关于全面做好扶贫开发金融服务工作的指导意见》(银发〔2014〕65号)。紧接着,2014 年 4 月,国务院扶贫办发布了《扶贫开发建档立卡工作方案》(国开办发〔2014〕24 号)。2014 年 5 月,国务院扶贫办等七部门印发《建立精准扶贫工作机制实施方案》(国开办发

〔2014〕30 号〕。2014 年 11 月,国务院办公厅印发《关于进一步动员社会各方面力量参与扶贫开发的意见》(国办发〔2014〕58 号)。2014 年 12 月,中共中央组织部、国务院扶贫办联合印发了《关于改进贫困县党政领导班子和领导干部经济社会发展实绩考核工作的意见》(组通字〔2014〕43 号),全面推进扶贫县考核、约束、退出 3 项机制的改革。国务院扶贫办会同有关部门制订了建立贫困县约束机制的文件,对贫困县必须作为、提倡作为、禁止作为等事项做出了明确规定。在退出机制上,国务院扶贫办会同有关部门进行调查研究后了解到,河北、贵州、甘肃等省份制订了贫困县退出标准、程序、奖励办法和脱贫时间表。2015 年 1 月,习近平总书记在云南省昭通市考察时强调:"深入实施精准扶贫、精准脱贫,项目安排和资金使用都要提高精准度,扶到点上、根上,让贫困群众真正得到实惠。"2015 年 6 月,习近平总书记在贵州提出,扶贫工作要做到"切实落实领导责任、切实做到精准扶贫、切实强化社会合力、切实加强基层组织",并将精准扶贫思想概括为"扶贫对象精准、项目安排精准、资金使用精准、措施到户精准、因村派人精准、脱贫成效精准"。2015 年 10 月,习近平主席在 2015 减贫与发展高层论坛上的主旨演讲中指出:"全面建成小康社会,实现中国梦,就是要实现人民幸福。尽管中国取得了举世瞩目的发展成就,但中国仍然是世界上最大的发展中国家,缩小城乡和区域发展差距依然是我们面临的重大挑战。全面小康是全体中国人民的小康,不能出现有人掉队。未来 5 年,我们将使中国现有标准下 7000 多万贫困人口全部脱贫。"2015 年诺贝尔经济学奖得主安格斯·迪顿认为,没有国

家与积极活跃的公民的有效互动,就很难形成战胜全球贫困所需要的增长。精准扶贫不是强行脱贫,而是要拔除贫根。精准扶贫摆脱了以往社会保障制度中被动盲目投入的趋势,政府要用科学的态度营造起扶贫、扶志、扶智的制度环境,转变一些地区"等靠要"的观念,这样才能解决"人的素质性脱贫"问题,引导民众主动参与乡村建设。说到底,扶起贫穷的人们,最终是要让他们自己站立。2015年10月26日至29日,中国共产党第十八届中央委员会第五次全体会议审议通过了《中共中央关于制定国民经济和社会发展第十三个五年规划的建议》(以下简称《建议》),《建议》明确指出:"实施精准扶贫、精准脱贫,因人因地施策,提高扶贫实效。"2015年11月,习近平总书记在中央扶贫开发工作会议上再次强调:"要解决好'扶持谁'的问题,确保把真正的贫困人口弄清楚,把贫困人口、贫困程度、致贫原因等搞清楚,以便做到因户施策、因人施策。"2015年11月,《中共中央国务院关于打赢脱贫攻坚战的决定》(中发〔2015〕34号)印发。2015年12月,中共中央办公厅、国务院办公厅印发《关于加大脱贫攻坚力度支持革命老区开发建设的指导意见》(中办发〔2015〕64号)。2016年2月,中共中央办公厅、国务院办公厅印发了《省级党委和政府扶贫开发工作成效考核办法》。2016年3月,中国人民银行、国家发改委、财政部等七部门联合印发《关于金融助推脱贫攻坚的实施意见》。2016年4月,中共中央办公厅、国务院办公厅印发《关于建立贫困退出机制的意见》(厅字〔2016〕16号)。2016年5月,农业部、国家发改委、财政部等九部门印发《贫困地区发展特色产业促进精准脱贫指导意见》(农计发〔2016〕59 号）。2016 年 6 月，国家卫生计生委、国务院扶贫办、国家发改委等十五部门印发《关于实施健康扶贫工程的指导意见》(国卫财务发〔2016〕26 号）。2016 年 7 月，交通运输部印发《"十三五"交通扶贫规划》。2016 年 9 月，民政部、国务院扶贫办、中央农办等六部门印发《关于做好农村最低生活保障制度与扶贫开发政策有效衔接指导意见的通知》(国办发〔2016〕70 号）。2016 年 9 月，国家发改委印发《全国"十三五"易地扶贫搬迁规划》。2016 年 10 月，中共中央办公厅、国务院办公厅印发《脱贫攻坚责任制实施办法》(厅字〔2016〕33 号）。2016 年 10 月，科技部、教育部、中科院等七部门印发《关于印发〈科技扶贫行动方案〉的通知》(国科发农〔2016〕314 号）。2016 年 10 月，中央网信办、国家发改委、国务院扶贫办印发《网络扶贫行动计划》。2016 年 11 月，国务院常务会议通过《教育脱贫攻坚"十三五"规划》(教发〔2016〕18 号）。2016 年 11 月，国务院印发《国务院关于印发"十三五"脱贫攻坚规划的通知》(国发〔2016〕64 号）。2016 年 12 月，人力资源社会保障部、财政部、国务院扶贫办印发《关于切实做好就业扶贫工作的指导意见》(人社部发〔2016〕119 号）。

2. 精准扶贫的三个阶段

习近平总书记的系列论述，为实现精准扶贫提供了基本遵循。贯彻落实习近平总书记关于精准扶贫的论述，必须科学把握精准扶贫的 3 个阶段，即精准识别、精准帮扶、精准管理。

构建精准识别机制。精准识别是指扶贫对象的明细化、准确化和分类化。习近平总书记指出:"干部要看真贫、扶真贫、真扶贫,使贫困地区群众不断得到实惠。"而"看真贫、扶真贫、真扶贫"的基本前提,就是必须精准识别"真贫",逐步建立起"贫困区域—贫困县—贫困村—贫困户"由上而下的贫困识别体系。具体而言,我们需要从以下3个方面着手来构建精准识别机制。一是创新扶贫对象评价体系。不同贫困群体的致贫原因和贫困程度是不尽相同的,因此,评价农民是否彻底摆脱贫困,不应当仅以物质条件为依据。而要因地制宜、因时制宜,更加符合不同区域的实际情况,合理确定收入标准,着力推进一个多元化、多层次、自主性的贫困评价体系的形成。二是建立扶贫对象档案体系。选派干部队伍入村入户开展摸底调查工作,切实掌握第一手扶贫资料,并根据扶贫资料对各村贫困户建档立案。根据贫困状况,逐户、逐村、逐县、逐区域地登记入册,实现"户有卡、村有册、乡镇有簿、县有档、省市有信息平台"的多维立体档案体系,做到扶贫瞄准有据可查、有根可寻、有档可依。三是建立扶贫对象公示制度。根据公平、公正原则,构建公开公示制度,充分发挥农村的基层民主,将识别权通过公开公示的方式交给基层农民群众,让老百姓根据自身"标准",识别确定的扶贫对象是否符合扶贫标准,以发挥普通民众的督查作用。

完善精准帮扶机制。精准帮扶是指扶贫措施的创新化、差异化和造血化。精准帮扶是精准扶贫的中间环节,也是决定扶贫成效的关键环节。长期以来,我国扶贫方式的选择往往只注重眼前实效,而忽视了扶贫工作的长远发展。因此,要完善精准帮扶机制,就要选择合理的扶贫路径,主要从以下 3 个方面着手:一是新村建设,发展农村。新村建设的主要目的是使农村贫困人口摆脱条件恶劣、基础设施差的原有聚集区,将科学规划的新型村落作为脱贫解困、发展提升的重要载体。以新农村建设为载体,促进农村的基础设施建设和农业生产方式的转变,提高农村现代化水平。二是产业建设,发展农业。发展产业是带领贫困户走出困境的根本,没有产业发展的扶贫是无源之水、无本之木。提高扶贫绩效、摆脱扶贫困境需要正确评估适宜产业,根据掌握的市场信息和拥有的资源优势,利用当地特色和区域优势,发展特色产业和龙头产业。三是教育建设,提升农民素质。要改造贫困、铲除贫困,除了推进新村建设和产业建设,营造良好的外在扶贫条件以外,更为重要的是通过教育提高受助者的自主脱贫能力。这就需要:其一,增加财政资金投入,大力扶持贫困地区教育事业;其二,促进政府教育体制改革,提升教育的反贫困绩效;其三,推动教育扶贫与产业扶贫相结合,实现教育和产业的一体化对接。

健全精准管理机制。精准管理就是指扶贫过程的合理化、有效化和可持续化。党的十八届三中全会提出要"加快形成科学有效的社会治理体制",这为提升农村社会治理水平、科学实施扶贫管理明确了指导性原则。具体而言,我们需要从以下 3 个方面着手:一是严格扶贫资金管理。一方面,确定贫困的基准线,将扶贫资金直接面向被扶贫对象,简化扶贫资金的发放流程,防止扶贫资金"跑冒漏滴";另一方面,建立严格的资金使用责任制,明确扶贫资金的使用者和使用对象,随着资金使用权的下放,相应责任也同时下放,严厉杜绝和查处扶贫资金滥用行为。二是加强扶贫组织管理。扶贫过程同样也是一个社会治理过程,存在着多重社会主体,政府不再是唯一的扶贫主体,这就要求正确协调政府、市场、社会组织等多元主体间关系。一方面,建立交流机制,加强主体间沟通协调,推动扶贫主体间的资源、信息共享;另一方面,加快形成主体间协调融合、责任共担的合作意识,形成合力共同扶贫。三是重视扶贫绩效管理。建立多维度、多层次的绩效管理体系,改变传统考核方式,从只看经济发展,向既看经济发展,更看扶贫工作绩效转变,从而形成既看经济效益,也看社会效益和生态效益的绩效管理体制。制订出切实可行的考评内容、考评指标和考评流程,以此构建出多种手段相结合的考评方式,既要有定性考核又要有定量考核,既要有重点考核又要有基础考核,既要有传统手段评估又要有现代手段计量。同时,严格执行奖优罚劣制度,对无效果的项目予以取缔,对有成效的项目予以支持。

二、浙江省扶贫工作开展情况

(一)浙江省电子商务扶贫的整体成效

电子商务是近年来兴起的扶贫新手段和新载体,也是新时期"智慧扶贫"的体现。电子商务是浙江省的一张金名片。近年来,浙江省农村电商发展迅猛,涌现了一批优质的兴农电商平台,成为增加农民收入、促进农民就业、引导农业供给侧结构性改革、促进乡村振兴的重要力量。2018 年,全省电子商务网络零售额达 16 718.8 亿元,同比增长 25.4%,其中县及以下区域达 8184.2 亿元,占比 49.0%;拥有活跃的涉农网店 2.1 万家,实现农产品网络零售额 667.6 亿元,同比增长 31.9%;网络零售额超过千万元的电子商务专业村有 1253 个,电商镇达 130 个。2018 年,全省新增农村电商服务站 1452 个,累计建成超 1.78 万个,提升改造达 3200 个。2018 年,浙江省农村电商在经历爆发式增长后,已进入提质增效阶段,也从"百舸争流"的时期转向了模式相对成熟的稳定发展期。通过实施"电子商务进万村"工程,设立农村电商服务站,用电商代购、统购分销的方式,帮助农村居民通过电子商务享有更多的商品选择空间、更便宜的价格和更优质的服务。截至 2017 年底,浙江省累计建成农村电商服务站超 1.64 万个,覆盖了 58.0% 以上的行政村,建立起一套便利、安全的农民生活消费体系。2017 年浙江省共有电商专业村 779 个、电商镇 77 个,分别占全国总数的 36.8% 和 32.1%,走在全国前列。通过大数据预测,2020 年浙江省电商村的个数将突破 1000 个,这意味着在浙江省有将近 4% 的行政村以电商作为支柱产业之一。2018 年,浙江省电商村呈现了产业集群化、模式多样化和发展规范协同化的趋势。电商村打破了传统意义上的地域范围,把一个个孤立的村点接入了整个市场体系,是农村居民创业就业的优质载体,部分电商村甚至出现了就地城镇化的发展趋势。

(二)浙江省东西部扶贫协作结对工作开展情况

电商扶贫是国家精准扶贫十大工程之一,也是浙江省助力东西部扶贫协作和对口支援工作的重要抓手之一。为了贯彻落实国家促进电商精准扶贫的战略部署,根据浙江省委、省政府助力东西部扶贫协作和对口支援的政策要求,面向浙江省对口扶贫协作的四川、吉林、贵州、湖北 4 个省 80 个县(市、区)和对口支援的新疆、西藏、青海 3 个省(自治区)13 个县(市、区)开展了电商扶贫工作,表 1-2-1 为浙江省东西部扶贫协作结对关系一览表。浙江省东西部扶贫协作工作有条不紊地根据规划在开展,浙江省各县(市、区)的党委常委会每年听取东西部扶贫协作工作情况汇报不少于 2 次,主要负责同志每年到对口帮扶地区调研对接不少于 1 次。在政策和资金的双重支持下,扶贫工作取得了显著的成效。比如 2018 年 6 月,浙江省商务厅与云集平台携手在四川省屏山县开展了扶贫活动,帮助当地农民销售"茵红李",产品上线当天,就销售了近 10 万千克,实现销售额近 200 万元。整个过程中,农民负责提供优质的产品,平台负责提供流量资源,广大的网商负责销售,各司其职,老百姓实实在在地得到了实惠。

表 1-2-1　浙江省东西部扶贫协作结对关系一览表

地级市	序　号	县(市、区)	东西部扶贫协作结对县(市、区)
杭州市 [共 24 个 (其中: 贵州省 16 个、 湖北省 8 个)]	1	上城区	雷山县(贵州省)、鹤峰县(湖北省)
	2	下城区	黎平县(贵州省)、巴东县(湖北省)
	3	江干区	三穗县(贵州省)、恩施市(湖北省)
	4	拱墅区	黄平县(贵州省)、来凤县(湖北省)
	5	西湖区	凯里市(贵州省)、镇远县(贵州省)、宣恩县(湖北省)
	6	滨江区	麻江县(贵州省)、丹寨县(贵州省)、建始县(湖北省)
	7	萧山区	从江县(贵州省)、利川市(湖北省)
	8	余杭区	天柱县(贵州省)、台江县(贵州省)、咸丰县(湖北省)
	9	富阳区	锦屏县(贵州省)
	10	临安区	施秉县(贵州省)
	11	桐庐县	榕江县(贵州省)
	12	淳安县	剑河县(贵州省)
	13	建德市	岑巩县(贵州省)
宁波市 [共 16 个 (其中: 贵州省 8 个、 吉林省 8 个)]	14	海曙区	贞丰县(贵州省)
	15	江北区	册亨县(贵州省)
	16	镇海区	普安县(贵州省)
	17	北仑区	汪清县(吉林省)、图们市(吉林省)
	18	鄞州区	和龙市(吉林省)、延吉市(吉林省)
	19	奉化区	安图县(吉林省)、珲春市(吉林省)
	20	余姚市	望谟县(贵州省)、兴义市(贵州省)
	21	慈溪市	安龙县(贵州省)、兴仁县(贵州省)
	22	宁海县	晴隆县(贵州省)
	23	象山县	龙井市(吉林省)、敦化市(吉林省)

地级市	序　号	县(市、区)	东西部扶贫协作结对县(市、区)
温州市〔共4个(四川省)〕	24	鹿城区	壤塘县(四川省)
	25	龙湾区	
	26	乐清市	
	27	瓯海区	阿坝县(四川省)
	28	瑞安市	
	29	洞头区	南部县(四川省)
	30	永嘉县	红原县(四川省)
	31	平阳县	
	32	苍南县	
湖州市〔共3个(四川省)〕	33	吴兴区	青川县(四川省)
	34	南浔区	广安区(四川省)
	35	德清县	木里藏族自治县(四川省)
	36	长兴县	
	37	安吉县	
嘉兴市〔共4个(四川省)〕	38	南湖区	若尔盖县(四川省)
	39	秀洲区	
	40	嘉善县	九寨沟县(四川省)
	41	平湖市	
	42	海盐县	屏山县(四川省)
	43	海宁市	黑水县(四川省)
	44	桐乡市	
绍兴市〔共4个(四川省)〕	45	越城区	马边彝族自治县(四川省)
	46	柯桥区	金川县(四川省)
	47	诸暨市	
	48	上虞区	小金县(四川省)
	49	新昌县	
	50	嵊州市	马尔康市(四川省)

地级市	序　号	县(市、区)	东西部扶贫协作结对县(市、区)
金华市 [共5个 (四川省)]	51	兰溪市	汶川县(四川省)
	52	义乌市	
	53	东阳市	理县(四川省)
	54	永康市	
	55	浦江县	金口河区(四川省)
	56	武义县	嘉陵区(四川省)
	57	磐安县	仪陇县(四川省)
衢州市 [共5个 (四川省)]	58	柯城区	北川羌族自治县(四川省)
	59	衢江区	平武县(四川省)
	60	龙游县	叙永县(四川省)
	61	江山市	沐川县(四川省)
	62	常山县	古蔺县(四川省)
舟山市 [共2个 (四川省)]	63	定海区	宣汉县(四川省)
	64	普陀区	万源市(四川省)
台州市 [共7个 (四川省)]	65	椒江区	峨边彝族自治县(四川省)
	66	黄岩区	松潘县(四川省)
	67	临海区	
	68	路桥区	朝天区(四川省)
	69	温岭市	茂县(四川省)
	70	玉环市	
	71	天台县	阆中市(四川省)
	72	仙居县	旺苍县(四川省)
	73	三门县	苍溪县(四川省)

地级市	序　号	县(市、区)	东西部扶贫协作结对县(市、区)
丽水市 [共6个 (四川省)]	74	莲都区	剑阁县(四川省)
	75	龙泉市	昭化区(四川省)
	76	青田县	平昌县(四川省)
	77	缙云县	南江县(四川省)
	78	遂昌县	通江县(四川省)
	79	松阳县	巴州区(四川省)

(三)浙江省农产品资源对接会暨江山市十县百亿精准扶贫工程

　　江山是浙江省电子商务创新发展试点县之一,近年来利用自身的产业优势,通过整合线上线下的一系列资源,在农村电商领域和扶贫工作上都取得了较好的成绩。相较于传统扶贫模式,电商扶贫更注重渠道赋能、技术赋能和生态培育,因为只有整个电商的销售体系更加顺畅,才能让农产品的价格卖得更高,数量卖得更多,让农民得到更多的实惠,从而带动他们的生产积极性。电商的扁平化销售模式,对网店经营者提出了更高的要求,一个成熟的网店运营者往往需要熟练掌握平台规则、产品描述、营销手段、视觉美工、物流仓储等内容,这就要求更细的分工和更强的协作关系,因此,贫困人口参与电商的模式不应拘泥于个体开设网店,政府更应着力引导贫困主体参与到电商的整个产业链中,这具有更强的操作意义。江山农产品电商资源对接会的举办,有效地促进了江山进一步通过电子商务来有效提升市场知名度和美誉度,打造属于江山的区域品牌,这也是对"互联网＋特色农业＋精准扶贫"模式的有益探索。

当前,浙江省扶贫工作已从"消除绝对贫困"进入"减缓相对贫困"的新阶段。浙江省坚持开发式扶贫和保障式扶贫相统筹,着眼于提高保障力和增强发展力,加快构建减缓相对贫困长效机制。下一步,浙江省将深入贯彻中央和省委、省政府的战略部署,主要在区域对接、产品对接、服务对接、人才对接和标准对接上精准发力,为全国扶贫开发工作提供更多"浙江智慧""浙江经验"和"浙江方案"。

三、电商扶贫的战略意义

(一)电商扶贫的特征

电商扶贫,即通过建设和安装新型基础设施,培育电商生态,培养电商意识,建立本地化的电子商务服务体系,从而促进贫困人群利用互联网技术和手段开展创新与创业活动,提高信息化服务水平,最终改变贫困人群的生产和生活方式,实现脱贫致富。互联网和电子商务具有公平、包容、大规模降低信息成本等特性,在消除贫困方面展现了巨大的潜力。

电子商务发展势头迅猛,主要体现在搭建平台、网点渐密和倒逼转型 3 个方面。第一,搭建平台,有效开拓农产品外销市场。在政府层面,商务部、农业部等部门通过购销对接会等形式积极搭建农产品电商平台,实现产销对接,解决供需脱节问题。在市场层面,各地纷纷建立农产品电商交易网站,并依托村民互助小组与农业合作社等机构,广泛与农户建立合作联系,在线销售当地特色农产品。我国各类农产品电商交易网站给很多农村特色农产品打开了市场,壮大了地方经济,增加了农民收入。第二,网点渐密,不断畅通消费品下乡渠道。近年来,由商务部确定的"电商进农村"综合示范试点省份大力建设"县级电商服务中心、乡镇电商服务站、村级电商服务点"三级农村电子商务公共服务网络,起到了很好的政策宣传和市场引导作用。在国家政策扶持下,"下乡"已经成为众多电商企业新的业务增长点,其在丰富农村消费品供给、提升农村居民生活质量方面发挥了积极作用。第三,倒逼转型,促进传统农业产销升级。目前,很多地区开始利用农村电子商务平台整合各类农业资源,进行规模化、集约化、信息化的订单式农业生产,并通过网络平台拓展销售市场,形成了产、供、销密切衔接的全产业链条,而在这个过程中,农民也逐渐实现了从传统农民到农业产业工人的职业和身份的转变。这种产销模式的创新和不断成熟,也倒逼了传统农业的产销升级。在农村电子商务发展较早的苏南各地,众多大型商贸公司通过租赁获得成片土地的经营权,采用订单方式,运用现代农业生产技术建立有机农业园,雇用当地农民进行有机蔬菜、有机水果及淡水鱼等高品质、高附加值农产品的种植养殖和生产加工,同时通过自建网络平台进行销售,初步实现了产、供、销一体化,取得了良好的经济效益。

电子商务自诞生起,对社会、经济、文化各层面产生了前所未有的影响。在中国农村,电子商务也从星星之火发展到今天,形成燎原之势。贫困地区的农民借助互联网工具,在市场的推动下,爆发出了惊人的创造力和生产力,他们迅速摆脱贫困,对接并融入现代生产和生活方式。工业时代的贫困县脱颖而出成为信息时代的明星县。

(二)电商扶贫的必要性与可行性

当前,全国上下全面实施精准扶贫、精准脱贫方略,在战略上从救济式扶贫走向开发式扶贫。作为新型城镇化规划中的关键环节,农业信息化得到高度重视并大力支持,在 2016 年 12 月 15 日发布的《"十三五"国家信息化规划》中,我国提出了信息化发展的总体要求,计划到 2020 年信息化基础设施得到基本实现,信息资源开发共享取得突破,信息技术得到广泛应用。电商扶贫的必要性主要体现在电子商务发展趋势的要求及破解现有扶贫开发措施中所面临的市场问题的要求。

1.电子商务发展趋势的要求

当前,我国电子商务已经进入高速发展阶段,已经形成了不可逆的大趋势,将会日趋主流化。因此,贫困地区如果不发展电子商务,与其他地方的差距很可能越来越大,即使现在不发展,这个大趋势最终也会迫使其适应大潮流。电子商务是一种全新的市场组织形式,具有驱使传统产业变革、促进传统产业升级和提质增效的优势。它不仅是中西部和东部农村地区实现追赶的好机会,更是贫困地区实现减贫脱贫目标的好机会。因此,中央和地方政府应当加快电商扶贫的试点和推广,加大政策和资金等资源的支持力度。而贫困县贫困村应当尽快加入或者准备好加入电子商务发展的大潮,以促进当地经济的发展,帮助贫困家庭早日实现脱贫。

2. 改进扶贫开发绩效的要求

将电子商务扶贫纳入国家扶贫开发的政策体系,不仅是时代的要求,更重要的是有助于破解现有扶贫开发体系中所遇到的市场问题。

图 1-3-1 为我国当前的扶贫开发体系。这个体系包括以项目划分的专项扶贫及以扶贫主体划分的行业扶贫和社会扶贫。而按照主要扶贫方式来划分现有的扶贫体系,可以将其分为救济式扶贫、就业机会给予式扶贫、生活条件改善式扶贫和产业开发相关的扶贫这四类。

第一类救济式扶贫,即给钱给物,帮助贫困主体改善生活条件。一般来说,用于救济的钱物会被贫困主体直接消费掉,用于再生产的情况较少,也就是说,救济式扶贫很难帮助贫困主体获得自我发展的机会。但对于缺少劳动能力的人群来说,救济式扶贫是十分必要的。

第二类就业机会给予式扶贫,指的是由企业为贫困家庭的劳

```
                        ┌──────────────┐
                        │  扶贫开发体系  │
                        └──────────────┘
         ┌──────────────────┼──────────────────┐
         ▼                  ▼                  ▼
┌──────────────┐  ┌──────────────────┐  ┌──────────────┐
│   专项扶贫    │  │    行业扶贫      │  │   社会扶贫    │
├──────────────┤  ├──────────────────┤  ├──────────────┤
│  异地扶贫搬迁  │  │   发展特色产业    │  │   定点扶贫    │
├──────────────┤  ├──────────────────┤  ├──────────────┤
│   整村推进    │  │    科技扶贫      │  │ 东西部扶贫协作 │
├──────────────┤  ├──────────────────┤  ├──────────────┤
│  以工代赈扶贫  │  │   完善基础设施    │  │ 军队和武警部队 │
├──────────────┤  ├──────────────────┤  ├──────────────┤
│   产业扶贫    │  │  发展教育文化事业  │  │   社会组织    │
├──────────────┤  ├──────────────────┤  ├──────────────┤
│  就业促进扶贫  │  │改善公共卫生和人口服务管理│  │    企业      │
├──────────────┤  ├──────────────────┤  └──────────────┘
│   扶贫试点    │  │   完善社会保障制度 │
├──────────────┤  ├──────────────────┤
│  革命老区建设  │  │  能源和生态环境建设 │
└──────────────┘  └──────────────────┘
```

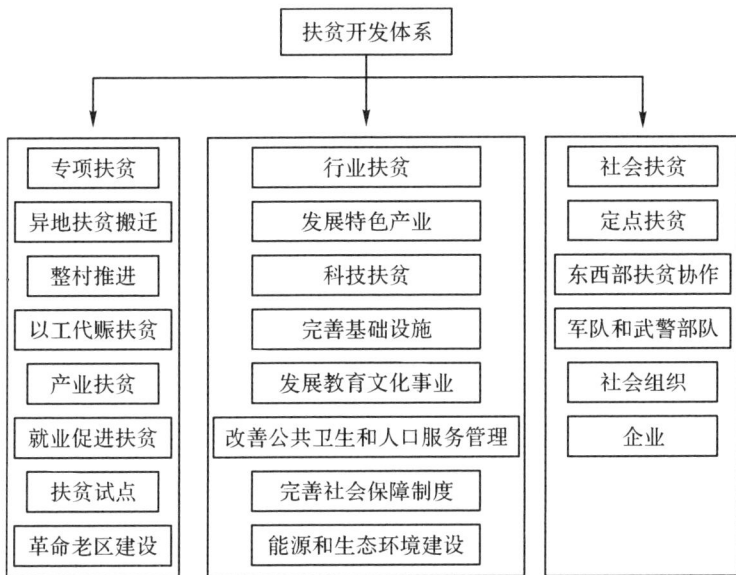

图 1-3-1　我国当前的扶贫开发体系

动力提供就业培训和就业机会,如就业促进扶贫;或者由国家投资建设贫困地区的基础设施,在工程建设中特定招收部分贫困家庭的劳动力参与建设,以此增加贫困家庭的收入,如以工代赈扶贫。很明显,以工代赈扶贫并不具备稳定性和可持续性,往往一项工程完成后,可能大部分扶贫对象就需要重新谋求其他生计了。而由政府推动企业参与的就业促进扶贫一般分为以下几种情况:外地企业招收贫困家庭的劳动力到外地工作;外地企业在当地投资新的项目,并以此为贫困家庭的劳动力创造就业机会;本地企业招收贫困家庭的劳动力在当地就业。从市场经济的规律来看,上述就业是在政府推动的情况下才发生的,说明在没有政府推动或干预的情况下,上述活动对企业来说是不经济的,如果哪天政府不干预了,这些人是否还能继续获得就业的机会,存在一定的疑问。另外,被招到外地参加工作的那部分劳动力,对当地经济的发展来说实际上是一种人才流失,而且这部分劳动力往往是素质较高的一部分。

第三类生活条件改善式扶贫,指的是由中央或地方政府出资,完善贫困地区的医疗卫生、饮水设施、用电设施、生态环境等,改善当地人民的生活条件。这类扶贫措施是非常必要的,不仅直接改善人们的生活大环境,也间接改善了人们的生产条件。

第四类是产业开发相关的扶贫。产业开发相关的扶贫是指有助于当地产业和经济发展的扶贫措施,包括产业扶贫、发展特色产业(行业扶贫)、科技扶贫、完善基础设施(与生产更为相关的道路交通等)、发展教育文化事业(尤其是成人劳动技能培训)等。

3. 电商扶贫的可行性

产业的发展需要人才、资金、技术等,而这些一般也是贫困地区所缺少的。因此,在扶贫开发体系中,政府在这些方面对贫困地区都给予了支持,例如科技下乡、人才下乡、各种专项资金支持等。但是产业发展还有一个关键要素,那就是市场。只有解决了市场问题,才能让当地产业实现可持续发展。当前,贫困村贫困县主要分布在比较偏远的山区,周边没有足够的市场容量来消化当地产业的产能。因此,市场往往成为限制贫困地区产业发展的关键一环。既然市场是限制贫困地区产业发展的关键因素,那么将贫困地区所生产的产品运到大城市大市场中销售是否可行? 如果说某个贫困地区的某种产品因为其独特性或稀缺性而具有绝对的垄断性和定价权,那么其由于高附加值是完全可以承担长途运输所产生的运输成本的。冬虫夏草就是一个典型的例子。电子商务在贫困地区的应用可以给当地人带来很多好处。电商扶贫的可行性主要体现在以下3个方面。第一,电子商务可以让贫困地区的人们更方便地寻找市场销路。在没有电子商务的情况下,贫困地区的人们要么亲自跑去各个市场考察和销售自家的产品,要么将产品卖给收购商。但有了电子商务之后,他们既可以直接上网销售产品,也可以通过其他人或其他机构(一般是指村级服务站)进行销售,不仅快捷方便,而且节省了销售成本。第二,电子商务让贫困地区的产品获得更高的售价和销量。由于当地市场容量的限制,或者收购商的垄断,贫困地区的人们很难有什么议价能力,产品的销量也往往时好时坏,很难控制。但是,通过电子商务与范围更广、购买力更强的大市场对接,这些产品就有机会获得部分消费者的青睐,进而获得更高的售价,同时也有机会实现更大的销量。第三,电子商务有利于调动贫困户的积极性。原来一些产业扶贫开发项目的失败,关键的原因就是没找到产品销路,进而打击了村民的积极性,但电子商务会让村民更直接地获得收益,从而提高村民的积极性。有了积极性,村民就会想方设法去改进生产,提高产品质量,从而获得更高的收益。而这样的做法将会促进整个产业健康快速地发展,进而形成规模效应,进一步降低物流、营销等方面的费用,提高产品的竞争力。

因此,电商扶贫有利于破解扶贫的市场难题,让其他产业扶开发措施更容易发挥作用,达到预期的效果。也正是基于这样的认识,电商扶贫被纳入精准扶贫十大工程。综上所述,电商扶贫不仅是大势所趋,更是对现有扶贫开发体系的有效补充,使得其他扶贫措施能够发挥出更大的效益。

(三)电商扶贫的功能效应

近年来,在发展现代农业和扩大农村需求等各项政策的拉动下,农村电子商务获得长足发展,长期困扰农民的买难卖难问题得到了较大程度的缓解,传统农业借助电子商务加快向现代农业转型升级,农村居民消费的多样性、便利性和安全性不断提升。

1.电商扶贫的新型城镇化功能

目前,我国已经破解了传统意义上的城镇化难题,而提出新型城镇化路径。新型城镇化是以城乡统筹、城乡一体、产城互动、节约集约、生态宜居、和谐发展为基本特征的城镇化,是大中小城市、小城镇、新型农村社区协调发展、互促共进的城镇化,是产业、人口、土地、社会、农村"五位一体"的城镇化,而农村电子商务就能实现这"五位一体"的功能。农村电子商务的发展都是靠产业的发展,并且随着相关产业的发展,需要的人口也越来越多,逐渐聚集成为小镇,大家在一个产业生态链中相互协调、相互促进地工作,进而形成一个相互依存、和谐发展的小社区,农村电子商务使农户得以学习计算机、互联网等知识并加以应用,从而使农户成为知识武装下的新型农民和产业工人,缩小了城乡二元差距,这也正是新型城镇化的内涵所在。

2.电商扶贫的生态环境保护功能

电子商务本身是互联网下的新经济,是低碳、绿色经济,不以破坏环境、牺牲当地自然资源为代价。以农产品电商为例,农产品需要进行绿色种植,产品要符合食品卫生标准,让消费者食得放心,农土特产品更需要在良好的自然生态环境下栽培。而且与电子商务相关的物流产业、金融产业等也是具有良好生态环境的产业。

3.电商扶贫的农民工就业功能

电子商务在农村开展,不但使本地农民大量就地就业,而且吸引了城镇农民工回乡创业或就业。以淘宝村为例,2018 年 10 月 27日,在第六届中国淘宝村高峰论坛上,阿里研究院发布了《中国淘宝村研究报告(2018)》。报告显示,2018 年全国淘宝村达 3202 个,淘宝镇达 363 个。淘宝村蓬勃发展,成为乡村振兴先行者 。在淘宝村,电子商务促进产业兴旺、支持创业、带动就业。阿里研究院的数据显示,2017 年,全国淘宝村网店年销售额超过 2200 亿元,在全国农村网络零售额中的占比超过 10％,活跃网店数超过 66 万个,带动就业机会数量超过 180 万个。淘宝村带动周边村镇,进一步促进本地产业发展、企业转型,同时吸引人才返乡,促进收入增长,使多样经济社会价值日益显著。第六届中国淘宝村高峰论坛主办地江苏睢宁就是典型样本。在睢宁,家具业成为其支柱产业,电商成为村民增收第一动力。全县约1/3的劳动力人口从事电商工作,2017年电商销售额达216亿元,农民人均收入增量50%以上来自电商。这些是睢宁电商12年持续、快速发展的硕果。2006年,"沙集三剑客"孙寒、陈雷、夏凯开始电商创业,带动成百上千名村民共同创业。2009年,沙集镇东风村成为全国第一批淘宝村。2016年,沙集镇成为全国第一个"所有村都是淘宝村"的乡镇。2018年,睢宁县的淘宝村达到92个,成为江苏省第一大淘宝村集群、全国首个"所有乡镇都有淘宝村"的县。农村电子商务还能实现特殊群体就业。例如,浙江省缙云县北山村残疾青年吕林有,他患有肌肉萎缩症,终日与轮椅相伴,曾一度丧失生活信心,后顽强自学电脑知识,靠从事电子商务撑起自强不息的人生。在全国,电子商务带来的相关产业发展,使数以万计的农民工得以就业。随着国家《关于支持农民工等人员返乡创业的意见》(国办发〔2015〕47号)政策的实施,电子商务将会使农民工出现空前好的就业局面。

第二篇
电商扶贫案例

一、杭州市临安区创新电商扶贫模式,助力施秉新发展

(一)临安区探索电商扶贫新模式,助推"黔货出山""黔民脱贫"

临安区电商服务中心每年接待5万余人学习考察,其运营主体闻远科技服务全国37个县域电商,在扶贫协作中积累了较好的工作经验。2018年以来,区电商服务中心在贵州省施秉县对口帮扶工作中,创新探索出"运作市场化+运营实体化+营销精准化"的电商协作模式,充分发挥市场扶贫力量,以电商扶贫带动对口区域

产业转型升级,提升"云上施秉"区域特色产品的品牌化、标准化建设水平,有效激活市场动力,助推"黔货出山""黔民脱贫",使东西部协作取得双赢效果。截至 2018 年底,临安区共引进电商企业 5 家,带动社会投资 7500 万元,新增农产品年销售额达 3000 万元,直接带动 2000 名建档立卡户脱贫,间接带动 20 000 名农户创新创业。

临安区探索新模式的具体做法如下:

1. 加强顶层设计,突出运作市场化

一是摸清家底,科学建库。组织农林、电商方面 7 名专业干部配合 3 家电商企业,开展为期 3 个月的全域特色农产品的摸底调查工作,对拟进行"订单式服务"产品的产区、名称、种类、产量、质量、价格及基地、加工、销售企业进行摸底调查。2018 年已完成小米、水果、虫草鸡、苗绣等 18 个"黔货出山"产品的目录编制和市场订单数据库的建立。二是深挖文化,铸造品牌。开展对特色农产品整体和单品的历史文化挖掘工作,深挖"云上施秉"区域品牌的文化内涵;同时对甄选出的 18 个特色产品,由闻远科技、王的手创等电商企业进行创意设计包装,为"内容电商""社交电商"的深度合作建立基础。2018 年已完成"云上施秉"公共品牌注册,其中包装单品 11 个、组合产品 7 个。三是项目运作,优化保障。专业干部配合入驻电商服务企业,形成"黔货出山"产业专项研究报告。该报告重点围绕土地流转不充分、农产品标准体系建设不完善、供应链体系不健全、专业人才缺乏等 4 个突出问题,制订年度和 3 年行动方

案,为特色农产品销售提供基础保障。

2.注重资源统筹,运营中心运作实体化

临安区以区农村电商服务中心为主体,联动两地,建设电商协作运营中心,探索"1＋3＋8＋600"实体化运作模式,集聚市场资源,增强施秉产业发展内生动力。上述模式内容主要包括:一是建立1个"临安—施秉电商协作运营中心"。中心总部设在临安,作为集聚企业资源、洽谈对接展示的线上线下综合性工作平台,统筹两地市场资源,实施企业化运作,负责施秉特色商品的设计、整合、配送,实施批量采购、分销配送、线上线下结合等实体化运营模式。二是建立3个农产品标准体系,以补链、强链、延链的市场需求为目标,通过政府推动和吸引社会资本,逐步完成产品供应链基础设施、农产品全过程溯源品控、产品品牌等体系建设,为"黔货出山"的市场对接提供质量保证,为黔货的品牌化、标准化建设提供基础支撑。三是探索实施8类分销模式,分别是旅游产品销售点的施秉特色商品专柜销售,商场超市销售网点的施秉产品专卖区销售,企事业单位工会福利销售,"云上施秉"线上特色馆销售,微商体系销售,杭州主城区连锁农产品店网点销售,施秉手工艺品外贸渠道销售,农特产品展销节促销,预计年销售额可实现3000万元。四是搭建"600人才培育体系"。临安区重点围绕电商带头人,进行电商平台操作技能、电商精准营销、电商品牌等方面的培训,每年培育200名电商带头人、农村致富带头人、新农人、营销行政管理人员,建立以市场为主体的人才培育梯队体系。

3. 聚焦流通体系，实现产销对接精准化

临安区充分发挥杭州互联网企业的资源对接和渠道整合优势，进行精准化的产销对接，逐步建立健全贵州省施秉县的区域特色农产品流通体系。一是实现对政府资源的有效对接。临安区以电商协作运营中心为主体，与浙江省商务厅、杭州商务委等部门及省、市农产品流通协会对接，并根据产品目录对接珠三角、长三角等地的 5 个大型批发市场、3 家大型商超，2018 年高山蔬菜、虫草鸡、猪肉等产品已形成 800 万元订单额。二是实现展销活动间的有效对接。临安区充分利用杭州商场、超市、水果连锁店及外贸企业等方面的资源，积极开展了施秉产品专题推介会、精品水果专场推介会、苗绣专题对接会等 4 场活动，有 300 余人参会，累计销售额达120 万元。其中，精品水果专场推介会一天实现线下销售 1000 箱、线上销售 1471 箱。苗绣协会和临安 7 家外贸企业签订供货和供线双向协议。三是实现对电商资源的有效对接。临安区通过该电商协作运营中心的统筹运作，充分发挥杭州电商平台企业、服务型企业、"快递＋"企业等实体供应链、产业链和价值链方面的优势，拓展多方面的渠道对接。2018 年，临安区已与环球捕手、鲶鱼电商、王的手创、闻远科技等电商企业签订苗绣手工艺品的合作协议，主要进行手工艺产品的文化创意开发、非遗产品销售、特色馆建设、培训基地建设、手工艺村落打造等项目，目前已经完成 7 个新品开发、2 个电商平台入驻和 2 个手工艺村落的签约工作。

(二)临安、施秉合力打造"民族工艺＋电商"帮扶脱贫新模式

苗绣是中国服饰文化中的瑰宝,2006 年经国务院批准列入第一批国家级非物质文化遗产名录。施秉县是全国著名的苗绣之乡,全县共有绣娘近万名。连续 3 年荣获中国电子商务百佳县的临安,其电商模式——"临安模式"入选中国农村电商 11 大成功模式。为高质量做好东西部扶贫协作,临安、施秉两地立足双方资源特色和产业优势,积极探索以增强扶贫对象"造血"功能为主要目标的帮扶新路,形成了以苗绣为核心、以电商为载体、以人才建设为支撑的"产销全覆盖"的精准扶贫新模式,通过产业、企业、就业"三业并举",助推传统苗绣走出大山,实现千万绣娘在家门口就业,带领贫困群众奔上小康致富路。

1. 深耕产业,夯实扶贫基础

只有优势互补做强产业,才能为扶贫工作注入源源不竭的动力。一要抓产品提质。发挥网上平台信息优势,瞄准市场需求,在平绣、辫绣、打籽等多种绣法的基础上,参考西方壁画、民俗装饰画等,融合苗族民族特色和现代时尚元素,开发出符合现代生活需求的苗绣产品,推动苗绣从民间传统工艺品向现代文创产品转型。二要抓品牌培育。推进"抱团发展",对施秉苗绣产品进行统一品牌策划和包装设计,打造具有核心竞争力的知名苗绣文创品牌,从

而提高产品附加值。同时,引导企业和家庭作坊成立协会或网商联盟"抱团发展",促进苗绣家庭作坊向现代企业转型,积极打造有实力的苗绣企业品牌,支持他们打响"苗绣村""苗绣之都"等地域品牌,将苗绣打造成为施秉的"地方名片",进而打造具有核心竞争力的知名苗绣文创品牌,提高产品附加值。三要抓市场拓展。坚持线上线下并举,构建完善的市场体系:一方面,线上合作搭建"云上施秉馆"等电商平台,将苗绣产品的展示销售渠道拓展到线上,构建高效率、低成本、广覆盖的销售模式。另一方面,线下组织开展各类产销对接活动,拓展渠道对接,形成长期稳定的供销关系和销售渠道,并打造线上线下订单化服务,构建完善的市场体系。目前,两地已开展线上线下产品展销和资源对接活动 8 次,已合作开发苗绣新品 11 个,完成"苗绣手工村落"授牌 2 个,完成产品宣传片制作 2 个,苗绣文创作品入驻电商平台 3 个,合作商家 20 家,与临安外贸企业签订订单合作企业 8 家,共实现销售额 1000 万余元。

2. 做强企业,激活扶贫主体

坚持以政府为主导、企业为主体,充分激发企业这一财富创造基本细胞的活力,加快实现扶贫从"输血"到"造血"的转变。主要做法如下:第一,搭好主平台。制订实施"黔货出山"专项计划,通过临安—施秉电商协作运营中心统筹临安企业、销售团队和施秉绣娘等资源,提供产销对接的交流平台,引导临安企业在施秉投资兴业,推动两地企业建立直接联系。同时,该电商协作运营中心还为两地企业提供产销对接的交流平台,推动有关企业与施秉当地建立直接联系,搭建有力的合作桥梁。第二,延伸服务链。苗绣文化的传承和发展离不开现代科技、渠道和营销等各个领域的结合和创新,临安充分发挥区内电商运营企业的渠道优势,充分发挥营销平台企业、快递企业、销售门店等在实体供应链、产业链和价值链方面的优势,全方位加强它们在网络设施建设、物流快递、产品推广等领域的合作,推进渠道共建、客户共联、信息共享。第三,做实项目库。以个性化定制、订单化操作作为项目合作的前提,由此形成不断充实文化、创意设计的市场化运作项目。如闻远科技通过打造实体化销售团队,通过实施苗绣手工艺产品文化创意开发、非遗产品销售、特色馆建设、手工村落创建、苗绣实训中心运营、电商平台入驻合作等手段,已引导临安—施秉电商协作运营中心下的 5 家合作企业创建施秉苗绣产品的"产销全覆盖"模式,派出专业技能人才 10 人,签订苗绣相关合作项目 9 个。其中,合作企业王的手创店铺的月销售额从初期的 1 万多元上升到 2018 年的 10 万多元。

3.促进就业,推进持续增收

"授人以鱼,不如授人以渔。"要牢牢抓住就业这一增收致富之本,全力加强人才培训,实现群众当地就业。第一,建好培训基地。由互联网企业主导,以非遗手工艺加工为依托,由政府主管部门牵头开展技术传授和技艺培训活动。如政府与互联网企业合作开展施秉贫困地区的绣娘选导师、选场所、选项目活动。2018 年,临安区政府选取建档立卡贫困户相对集中的施秉县马号镇,投资 100 万元建立了集教育、培训、设计、生产、加工于一体的刺绣产业实训基地和人才孵化培育平台。第二,建强人才梯队。临安区坚持市场化引导、梯队化培育、专业化提升,用市场化、专业化的文创理念培训施秉绣娘,从而实现理念提升、非遗传承、技艺提升、抱团发展、集聚发展的产业化目标,打造一批具有示范引领作用的高级绣娘人才,并以师傅带徒弟的模式,形成初、中、高三级绣娘培育体系,辐射带动邻里乡村和在外打工的妇女加入刺绣行业中来,让更多的贫困妇女从中受益。第三,拓展就业领域。区内政府与当地企业合作举办电商实用技能培训班和电商创新培训班,针对当地美工、摄影、经营、销售、管理等方面的人才进行培训,让更多施秉当地的电商企业参与到苗绣当地特色产品的宣传、销售和服务体系中来,与绣娘培训共同作用,形成双向支撑、相辅相成的人才培育体系,助力"黔货出山"的市场化深度推进和企业主体、市场基础的夯实。截至 2018 年底,已培训绣娘 700 人次,覆盖当地建档立卡户绣娘 500 名,吸引 2000 余名绣娘回乡就业,预计 3 年将带动 7000 名绣娘就地就业,辐射带动当地 10 000 余名绣娘进行创新创业,让她们用自己的双手摆脱贫困。

(三)施秉绣娘"私人定制",苗绣"黔货出山"新路径

施秉苗绣的 20 余种工艺堪称中国刺绣一绝,施秉拥有绣娘 10 000 余人,但因产品创新性和外向性不够,苗绣产品市场化程度

较低,绣娘中建档立卡户占比达 70％以上。临安区通过针对性调研,将苗绣作为扶贫协作的主要突破口,实施"三个一"工程,综合推进"订单式服务""私人定制"等精准化市场对接工作,实现"小苗绣大市场",从而助推整个苗绣手工艺产业体系的转型升级,2018年已取得了明显成效,探索出了一条扶贫协作工作的新路径。

1. 建立一个基地

建立施秉贫困妇女刺绣产业实训基地。该基地共占地 500 平方米,落户于建档立卡户相对集中的马号镇。该项目由临安结对帮扶镇街投资并指导建设,由两地文化、文创部门结对指导,以点带面,以期 3 年内形成较为完备的人才教育培育体系。

2. 成立一个中心

建立临安—施秉电商协作运营中心。该中心由临安电商服务公共中心实体化运营,统筹互联网和销售专班等资源,主要进行苗绣、银饰等手工艺产品的统一品牌策划、包装设计和产品研发,重点开展苗绣产品线上、线下"订单化服务"的渠道拓展和资源对接及人才培训等工作。2018 年,已经开展"苗绣未来"等专题推介活动 2 次,签约订单合作企业 8 家,落地文化项目 2 个,同时苗绣协会已与临安区外贸企业签订供需合同。

3. 建设一个团队

建设一个实体化销售团队。借助上述电商协作运营中心的统筹运作,充分发挥杭州电商平台企业、服务型企业、"快递＋"企业等在实体供应链、产业链和价值链方面的优势,通过"内容电商""社交电商"等拓展多方面的订单式渠道。

二、湖州市南浔区举办产业对接会,助推贫困地区脱贫

(一)南浔区推进电商扶贫,拓宽流通渠道

为打通广安区农特产品流通渠道,助推广安区脱贫攻坚行动,南浔区通过举办南浔区—广安区东西部扶贫协作农产品对接会,结合电商平台、电商企业、电商协会和供销社等的资源优势,从平台搭建、完善服务、结对帮扶等方面着手,引进广安区安柚、柠檬、白市柚、盐皮蛋等10余种特色农特产品入驻商超、电商平台及惠农电商等电商企业。同时,南浔区湖州惠农电子商务有限公司等电商企业在广安区成立合资公司,帮助广安区农特产品拓宽销售渠道。通过线上线下一体化合作,2018年广安区农产品的销售额已达75万元。

2018年以来,南浔区电商企业与广安区多家农特产品供应商已达成企业联盟合作意向,旨在进一步宣传推广对口地区优质特色农产品,搭建农产品与线上线下批零企业和专业买家的合作平

台,畅通农产品与市场的衔接渠道。

下一步,南浔区将依托本地电商企业、电商平台、商超、供销社等推广销售广安区特色农产品,并根据当地需求对产品进行研究,改良产品包装,打造爆款产品;同时,本着"互惠互通"的原则,将通过电商网络加强南浔区与广安区间产品的互通,借助电商网络促进两地产品销售,实现电商精准扶贫,助力脱贫攻坚,携手奔小康。

(二)启动援疆援白商贸资源对接会

为响应国家扶贫倡议,支援新疆阿克苏、吉林白山等地,进一步促进消费升级,展示南浔名特新优、老字号、农副产品及餐饮住宿业,南浔区政府坚持"引进来""走出去"相结合,开展经贸交流对接活动。2018年5月30日,2018浙江(南浔)商贸资源对接会暨援疆援白启动仪式在江南水乡南浔顺利举行。

开展扶贫活动期间,南浔区商务局认真排摸区内商贸资源,与相关企业负责人一一对接,细心征求企业建议,了解企业需求,并与浙江省商贸业联合会多次对接活动细节,组织区内近40家企业参与到本次活动中来,与浙江省各地近50余家品牌商、采购商、服务商进行直面对接,交流互动。

南浔区政府主动对接浙江省商贸业联合会、湖州市发展与改革委员会、湖州市商务局(粮食局)等,共同开启了2018浙江(南浔)商贸资源对接会暨援疆援白活动。活动中,南浔区相关部门分别向与会嘉宾介绍了南浔区的服务业新政和人才新政。同时,浙江

(阿克苏)麦巴夫农产品有限公司分别与湖州南浔浙北大厦购物中心有限公司、华润万家浙江有限公司湖州南浔购物中心、中国石化销售有限公司浙江湖州石油分公司、中国石油天然气股份有限公司浙江销售湖州分公司签订了合作意向协议。对接会上,浙江现代商贸发展研究院副院长赵浩兴教授以"新商业时代的商贸流通与品牌营销创新"为主题进行演讲,为与会嘉宾打开了商贸流通渠道与品牌营销的创新思路,他提出的新网络营销、精准营销、体验营销、定制营销、联盟营销、数据营销等营销模式和诸多观点让与会嘉宾受益匪浅。

在此次商贸资源对接会上,南浔本地重点商贸企业与域外众多品牌企业在深入交流中获取了大量宝贵信息。同时,此次会议吸引了对口地区部分食品类企业意向入驻南浔,其中南浔浙北与大地影院,万事利丝绸与梅月针织、韵峰丝绸等企业已进行合作意向洽谈。

三、衢州市柯城区"共享+"电商东西部扶贫协作成效显著

2018 年东西部扶贫协作工作开展以来,柯城区高度重视,按照"优势互补、合作共赢、聚焦扶贫、确保有效"的原则,积极探索电商扶贫在东西部扶贫协作攻坚中的引领作用,打造柯城电商扶贫模式,助力北川脱贫奔康。2018 年,通过东西部电商扶贫,柯

城区帮助北川贫困人口 118 人脱贫,实现商品网络销售额 392 万元、年人均增收 780 元;带动 106 人进行电商创业,实现电商销售额 2.7 亿元,同比增长 58%。北川县也成为绵阳市首个脱贫"摘帽"县。柯城东西部电商扶贫工作被列入浙江省商务厅东西部电商扶贫先进案例。

(一)构建"共享十"电商东西部扶贫新模式

1. 高架构,共享人脉

充分发挥柯城—余杭山海协作结对帮扶资源优势,全面打通"余杭—柯城—北川"三地电商圈互通共享架构。2018 年,柯城—北川东西部电商协作活动在全市率先开启,如浙江省商务厅电商促进中心领导带队赴北川指导授课,杭州市电子商务专家委员会专家加入柯城电商扶贫智库;针对北川茶产业发展痛点,邀请全国知名电商茶企杭州卢正浩品牌运营经理赴北川现场传授经验。2018 年共有 8 名省级电商专家和多家企业加入柯城区电商东西部扶贫专班组,为北川电商发展在产业、企业、产品等方面提出了前瞻性意见和实操性方案。

2. 强链接,共享办公

柯城区依托创客孵化园这一国家级众创空间和省级创业创新小微企业服务平台,开设柯城北电商创客联合办公空间,建立北川在柯"电商飞地",打造"智慧共享空间",就前期产品市场大数据分析、包装设计、品牌打造、中端渠道对接、内容运营,后端供应链、品控溯源等一系列闭环提供一站式电商集成服务解决方案。2018年,该创客孵化园共接待北川政府、电商企业共计15批次532人次参观,吸引4家北川企业入驻,真正实现了把资源、解决方案和人连接在一起,变"单程输血"赋能为"双向造血"赋能。

3. 稳落地,共享模式

两地严格按照当地党委政府的扶贫导向,精准聚焦发力,签订柯城—北川电商合作协议,制订了"个十百千万"3年行动计划。其中,"个"即配套一个电商公共服务运营体系、优化一个电商运营园区、打造一个标杆企业;"十"即开展十场培训、打造十个知名网店、培养十名电商带头人;"百"即开展百人电商峰会、开展百名网红show北川活动;"千万"即打造千万级店铺,助推农产品上行,创新电商扶贫模式,让更多的"北川造"产品"走出去"。2018年,建成总投资达1.08亿元、以农产品加工和电商为主业态的柯城—北川扶贫协作产业园项目,预计到2020年可带动1600余人脱贫;建成建筑面积达5400平方米的两地电商产品展销、企业孵化、人才培训一体化基地。同时,2018年,通过"专家入川"和"企业出川"双向对流的模式,北川开展电商培训、游学考察等共计12次,培训人员638人,其中包括建档立卡贫困户494人,培育5名北川电商带头人。

(二)构建"柯城十"电商东西部扶贫他驱力

1. 创品牌,鲜森有礼

柯城创建了北川农特产品"衢鲜森"电商品牌,开展"南柯北川,鲜森有礼"特色营销活动,谱写"衢鲜森牵手羌妹子"东西部电商扶贫"恋曲"。营销策划"衢州有礼 北川有李""衢州有礼 甜蜜如你""衢鲜森甜'猕'相约羌妹子"等活动,打开北川红脆李、蜂蜜、猕猴桃线上销售渠道,精准扶贫助农。合作举办了"南柯北川东成西就,衢鲜森牵手羌妹子"电商东西部扶贫北川农特产品上行高峰论坛,以及面向市民的"云朵羌货"集中展销活动。截至 2018 年,柯城区共开展"衢鲜森"北川农特产品销售活动 6 场,真正实现了"羌货柯销,羌妹子笑了"。

2. 建场馆,O2O 新零售

柯城区为推进 O2O 新零售业态发展,线下开设北川农产品特色馆,线上开设浙江省第一个东西部扶贫北川羌货特色直播馆。依托淘宝直播平台,借助直播模式,将线下北川优质农特产品资源与线上直播渠道联动起来,以红人经济带动北川农特产品上行。通过与海量顾客的互动,有效宣传了北川,提升了产品黏性和销售水平。通过线上线下两馆建设探索了"生产在北川,销售在柯城"的助农增收路径,2018 年北川产品线上线下销售额达到 526 万元,让更多的"北川产"实现"卖全国"。

3. 添活力,"红小创"赋能

党建引领,充分发挥互联网两新组织的作用,依托柯城区创客孵化园党支部"红小创①之家"党群服务中心,打造"红色店小二"东西部扶贫服务,实现党群引领、青年共创、产业帮扶"红小创"赋能协作。2018年,共组织5批次10名党员入川开展结对扶贫项目,开展创业辅导、项目帮扶、慰问困难群众活动,启动"红小创"微公益,为北川羌族自治县永昌小学点亮30个微心愿,各项活动中累计参与党员18人,共捐赠物资20余万元。

(三)培育"3X+"电商东西部扶贫自驱力

1. 助力品牌塑形

针对北川区域品牌不完善、线上品牌缺失的痛点,柯城区电商东西部扶贫专班视觉服务小组深入北川,通过进村入企、座谈交流、实地调研,以北川这个目前全国唯一一个羌族自治县的民俗风情为切入点,从品牌符号、品牌传播语、品牌战略、产品包装设计和推广创意5个维度分析梳理,打造"羌调"品牌。同时,筛选了"羌秀""羌笛""羌妹子""西羌"等企业子品牌,并指导企业以品牌的理念开设和运作线上店铺,以品牌的意识输出企业产品、文化。2018

---

① "红小创"即红色引领小微企业创业创新。

年,北川新开设线上品牌店铺 10 余家,"羌调"IP 品牌全线运营,其中"禹珍西羌"品牌产品在 2018 天猫腊味节上线发布,2018 年在天猫平台的销售额突破 220 万元,形成了电商上行品牌孵化重塑示范效应。

2. 助攻羌品上行

柯城充分发挥区内电商部门、行业协会、电商企业等的优势,同时,北川、柯城两地政府、社团、企业多方联动,按照"北川负责前端供应链、后端物流售后服务体系,柯城负责中端平台渠道、运营推广"的合作方式,主动帮助北川对接产品上行渠道,并先后与阿里巴巴、贝店、寰球捕手、顺丰大当家、蚊子会直播等机构对接。北川产品上行既依托本土企业 B2B、B2C、C2C 等模式下的线上平台,又有外部社交电商、网红直播、新媒体 KOL 等新兴业态的推广,呈现出了"多元、多屏、全网、跨界"的特征,成功帮助羌品打开了上行渠道,拓宽了市场。

3. 助推企业转型

深入开展东西部电商扶贫村企、企企结对工作,通过高层线上"换脑风暴"交流、中层线下"动手实操"挂职锻炼,从思维、战略、战术方面全力助推北川市场由传统市场转型为互联网柔性供应链新兴市场。2018 年,柯城—北川电商村企、企企结对达到 10 家,通过线上线下双向实操、互动交流,重构了用户认知和产品创新,北川禹珍实业有限公司、北川羌山雀舌茶业有限公司等一批企业走在转型前列。禹珍实业有限公司在品牌战略的支撑下,走出了以北川老腊肉、腊香肠、腊耳叶等肉制品为主打产品的现代农业产业化企业发展之路,先后在天猫、京东等电商平台上开设了品牌馆。同时,众多企业依托网红直播,将北川大山里的优质农产品通过电商送达全国。2018年,北川电商销售额达1350万元,同比增长39%。

四、衢州市江山市打造电商扶贫新模式,实现东西部协作新突破

2018年以来,江山市深入贯彻落实浙江省委、省政府关于进一步加强东西部扶贫协作工作的要求,与四川省沐川县建立东西部扶贫协作对口合作关系,结合两地产业特点,制订对口合作方案和3年行动计划,努力构建政府牵头、企业主导、全民参与的电商精准扶贫新格局。

(一)加强政府引导,统筹扶贫工作安排

1. 强化制度保障

通过建立制度,确保扶贫工作有序推进。江山对口合作领导小组及办公室制定出台了《2017—2022年江山—沐川结对协作工

作方案》和《2018 年工作计划》等,并将电商精准扶贫作为两地东西部扶贫协作的重点内容之一。

2.明确工作任务

根据工作方案和计划,明确电商对口协作中的工作范围和职责,对电商精准扶贫工作进行部署和安排,确保计划的合理性和可操作性;明确万企帮万村、电商扶贫工作和"沐品进江"三大任务清单;同时,找准工作目标,重点鼓励江山企业开拓沐川及西部等国内市场,引导沐川优质农产品与江山龙头电商企业、商超开展产销对接,帮助沐川通过线上线下渠道实现农产品上行。

3.注重政策引导

抓住《关于促进电子商务产业加快发展的若干政策意见》修改契机,改变以往只对销售本地农特产品的电商企业进行补助的现状,江山市人民政府办公室制定了《江山市电子商务"十县百亿"工程实施方案》,并与沐川建立电子商务"十县百亿"合作关系,将销售沐川农特产品的江山电商企业纳入补助范围,按网络零售额的5%给予补助,充分调动江山电商企业主动销售沐川农特产品的积极性,鼓励企业主动开拓沐川农特产品线上销售渠道。

(二)重项目合作,推动两地产业融合

1. 产销合作,推进沐品进江

充分发挥两地产业优势,在江山电商产业园建成沐品进江主题馆,利用各类资源对接会等活动向全国各地电商企业、农产品采购商集中展示沐川各类优质农特产品,推广沐川农特产品公共品牌。江山市政府引导江山电商企业上架销售沐川农特产品,上架 2 个月即帮助沐川销售红心猕猴桃超 3 万千克、腊肉制品近 500 千克。同时,延伸沐品进江至线下传统商贸领域。2018 年,针对第一批沐川茶叶、肉制品、水果、休闲食品等 4 大类 20 余种产品,江山各大商超均设立了沐川健康食品展销专区进行销售。

2. 互设公司,深化合作共赢

江山市政府鼓励有条件的江山电商企业在沐川设立公司,同时配合沐川企业在江山设立公司。2018 年,浙江冒个泡电子商务有限公司已在沐川成立沐川冒个泡农产品有限公司,派驻专业工作人员驻点沐川负责采购工作,与沐川猕猴桃种植大户签订 2019 年的红心猕猴桃采购协议,计划采购沐川猕猴桃 100 万千克。四川天马山晨达农业科技有限公司拟与江山企业合作,在江山市区建立沐川优质农特产品专营店和代理点,计划在江山深化沐川农特产品深加工生产线,重点对接江山电商企业、商超,推动沐川农特

产品进入江山并辐射华东市场。

3. 村企结对,实施精准帮扶

江山坚持以帮扶为前提、合作为基础、双赢为目标,筛选江山龙头电商企业与沐川贫困村建立帮扶结对关系,捐助一定资金用于贫困村建设基础设施、发展特色产业、救济贫困人口等,同时指导贫困村理清发展思路、明确发展定位、找准发展路径,谋划实施发展项目,帮助增加村集体经济收入及群众收入。2018年,江山市动员3家龙头电商企业与沐川3个贫困村建立结对帮扶关系,其中浙江冒个泡电子商务有限公司已与沐川县茨竹乡青龙村村民委员会签署《江山市—沐川县东西部扶贫协作村企结对框架协议》,并捐助该贫困村2万元。

(三)促资源共享,开启造血扶贫模式

1. 加强电商平台资源互通

江山充分利用其电商产业优势,帮助沐川电商园区、电商企业、农特产品供应商对接电商平台资源,提升沐川电商产业发展水平。2018年9月5日,江山成功承办浙江省农产品电商资源对接会暨江山市"十县百亿"精准扶贫工程启动仪式,活动期间还组织参观江山电商园内的沐品进江主题馆,帮助推介沐川农特产品,图2-4-1为江山—沐川东西部扶贫协作电商对接会现场。

图 2-4-1　江山—沐川东西部扶贫协作电商对接会

2. 协助培养电商专业人才

两地通过考察互访、座谈交流等多种形式开展人才培养合作，如江山筛选出 4 家龙头电商企业作为电商人才培训交流基地，重点承接沐川来访的政府部门及电商企业人才进行交流学习。2018 年，已有来自沐川的机关干部和电商企业人才共 8 批次约 120 人参观考察浙江冒个泡电子商务有限公司、浙江宝格商贸有限公司、浙江驰骋控股有限公司，学习了解江山电商产业发展历程，交流学习电商产业发展经验，探讨电商产业发展思路。

3. 强化产业互融合作基础

江山以合作共赢为目标，帮助沐川夯实农特产品产业基础，提供最新市场信息。2018 年，江山已组织 2 批次 10 余名龙头电商企业家、高管赴四川调研考察,4家企业与沐川发改经信局、农业局签署框架合作协议,在为沐川农特产品建立销售渠道的同时提供最新的市场信息,帮助沐川的农特产品产业开展针对企业市场的产业规划。

五、阿里巴巴扶贫案例

(一)阿里巴巴以科技创新助力脱贫创新

2017年12月1日,阿里巴巴脱贫基金正式启动,未来5年,阿里巴巴计划投入100亿元帮助贫困地区脱贫和发展。脱贫工作成为阿里巴巴战略性任务。

1. 阿里巴巴的脱贫理念与战略

在帮助脱贫问题上,阿里巴巴有自己的理念,最核心的有两个方面:第一是"授人以渔",不仅仅帮助贫困人群脱贫致富,更要帮助贫困地区可持续发展。第二,希望用100亿元的投入撬动1000亿元的脱贫效应,其间不仅仅有阿里巴巴自己的投入,也希望通过各种平台,撬动阿里巴巴经济体的力量,包括阿里巴巴的客户、合作伙伴等,以实现大家共同参与,助力扶贫脱贫。

阿里巴巴的脱贫战略有五大方向,分别是电商脱贫、教育脱贫、女性脱贫、生态脱贫和健康脱贫。

(1)电商脱贫,主要是帮助贫困地区销售优质的特色产品,包括农产品,进一步促进当地产业发展,以产业带动脱贫。

(2)教育脱贫,主要是帮助贫困县培养人才,尤其是乡村教育和职业教育。

(3)女性脱贫,主要是为贫困地区的女性提供保险保障,并且通过培训、金融支持她们创业和就业。

(4)生态脱贫,主要是帮助贫困地区保护环境,并且探索发展环境友好型产业。

(5)健康脱贫,主要是为贫困的家庭提供医疗保障,解决因病致贫的难题。

2.科技创新帮助贫困地区增加市场机会

2018年,阿里巴巴在全国范围内首批打造10个电商脱贫样板县,包括重庆奉节、云南元阳、甘肃礼县、新疆巴楚和吉木乃、内蒙古敖汉旗、安徽金寨、福建长汀、吉林和龙、贵州雷山等,尝试探索"电商＋脱贫"的全新路径。

农村淘宝开设专门的"兴农扶贫"频道。截至2018年9月底,"兴农扶贫"频道覆盖16个省(自治区、直辖市)326个县,包含101个贫困县。进一步,阿里巴巴把帮助贫困地区销售优质农产品作为"新零售"的战略性业务来抓,实现天猫超市、盒马鲜生、大润发、银泰等线上线下渠道同步联动,形成优质农产品销售矩阵。

除了农产品,全国的贫困县利用阿里巴巴电商平台,把多样的特色产品销往全国,甚至销往海外市场。以前,部分贫困县的产品更多是在本地市场或者周边市场销售。现在,借助阿里巴巴的电商平台,它们的产品能低成本地覆盖更广泛的市场,因此,贫困县的小企业、创业者、贫困家庭能够获得更多的市场机会。数据分析显示,在阿里巴巴零售平台上,一个国家级贫困县的商品平均销往280个城市,这就意味着它覆盖了中国绝大部分的地区。电商年销售额超过1亿元的贫困县,2014年在全国大约只有20个,而2017年已超过60个,这个数量仍在持续增加。

新疆的巴楚县是深度贫困县,当地的甜瓜非常甜,但是受制于信息和物流,以往甜瓜主要在本地或周边销售。过去几年,阿里巴巴的农村淘宝与合作伙伴帮助巴楚销售甜瓜。2016年,巴楚甜瓜的电商销售额突破1000万元,2017年超过5000万元,2018年的销售规模进一步提升。农村淘宝不仅仅帮助巴楚销售产品,还进一步帮助当地改善种植技术。农村淘宝相关方建立了一支30人的青年技术服务队,服务巴楚当地农户。巴楚有了自己的人才,在未来的发展、创新上才有更大的希望。

3. 科技创新提高脱贫工作效率和透明度

第一,区块链技术帮助脱贫项目增强透明度和降低成本。为了帮助因病致贫的家庭,阿里巴巴、蚂蚁金服和中国扶贫基金会发起了"顶梁柱健康扶贫公益保险项目"。截至2018年10月20日,上述组织帮助超过148万建档立卡贫困户获得健康保险。

截至2018年10月20日,巴楚已经获得超过1.1亿元捐款,主要是公众通过阿里巴巴和支付宝公益平台捐助的。同时,超过7600个贫困户在看病之后获得了保险赔付,具体获赔时间、金额等信息都公开可查询。除了区块链技术,该项目还应用了图像识别等智能技术。贫困户通过平台上传医疗发票图片后,平台可自动识别所花费的医疗费用、药品等内容,降低人工工作量,降低项目运作成本,提升了整个项目的运作效率。从目前来看,整个项目90%的资金都可以用于贫困户医疗理赔。

第二,移动技术帮助提高脱贫工作效率,增进协同。在国家级贫困县陕西省略阳县,2017年开始,当地扶贫干部比较广泛地使用移动办公系统,共享扶贫政策信息、记录走访贫困户、完成扶贫工作审批等等,建立在阿里巴巴的钉钉平台之上。因为有新的办公系统,扶贫干部之间信息共享、工作协同更加高效。比如,据略阳县统计,按照传统方式,大约超过70万条信息需要手工录入,使用了新的平台之后,减少了重复信息输入,减少了不必要的沟通流程,最终录入信息大约是18万条,这意味着帮助脱贫干部减少大约3/4的信息输入工作量,这是非常明显的提升。

4. 科技创新帮助贫困地区提升自我发展能力

在阿里巴巴的脱贫探索中,特别重要的一点是通过信息基础设施以及电子商务服务为贫困地区提供多样的支持,包括云计算、大数据、普惠的交易服务、金融服务、物流服务等,帮助贫困地区提升自我发展能力,实现可持续发展。

比如普惠的交易服务,阿里巴巴电商平台帮助贫困县展示商品超过 1 亿件,展示成本和营销成本相对比较低。

普惠的金融服务。仅仅从 2017 年 12 月阿里巴巴脱贫基金启动以来,在大约半年的时间里,网商银行通过科技金融和互联网为贫困县的创业者提供贷款超过 380 亿元,其中相当一部分创业者,因为没有抵押物,或者没有人帮助担保,没有办法从当地银行获得贷款。

再如普惠的物流服务。在阿里巴巴和合作伙伴的努力之下,有超过 20 万条快递线路连接全国的贫困县与大城市。最终得到非常好的结果,比如在 2017 年,全国有 480 多个贫困县的电商包裹超过 100 万件,而在 2013 年这样的贫困县只有 44 个。过去的五六年间,贫困地区的物流服务水平有极大的提升。

在贫困县,电商帮助大量的小企业、创业者创业,进一步带动大规模的就业。在全国很多的村庄都能看到这样的情景:年轻创业者通过互联网接到订单,进一步带动种植环节,或者带动制造环节,并诞生一批电商专业村——淘宝村。

2017 年,全国淘宝村超过 2100 个,电商销售额超过 1200 亿元,49 万活跃网店进一步带动超过 130 万个就业岗位。在农村地区,电商促进就业,支持创业,帮助贫困地区脱贫致富。世界银行研究后认为:淘宝村能够有效地帮助乡村减少贫困,实现共同繁荣。

此外,阿里巴巴在教育扶贫上也做了新的探索,尝试搭建覆盖教育全阶段的保障体系,从学龄前到小学,到中学,一直到大学。在不同环节有不同的团队、不同的基金推动新的脱贫项目。比如在乡村教育方面,在 2015—2017 年间,马云基金会共奖励了 300 位乡村教师,为他们提供奖金、学习交流机会、国际交流机会;阿里云正帮助贫困地区免费培养云计算工程师,并提供就业机会;淘宝大学的网络课堂提供超过 2000 门课程,覆盖全国 98％的贫困县,通过互联网的方式为贫困地区培养电商人才;等等。

(二)阿里巴巴发布《首届中国农民丰收节电商数据报告》

2018 年 9 月 23 日,我国迎来第一个中国农民丰收节。阿里巴巴也在首个中国农民丰收节期间,联手农业农村部在线上打造首届丰收购物节,并发布了《首届中国农民丰收节电商数据报告》。报告显示:阿里巴巴促进近千亿元农产品的产销对接,新零售为农产品开拓新市场,100 个农产品地标品牌脱颖而出。

2017 年,阿里巴巴中国零售平台的农产品销售额近千亿元,保持良好的增长势头。其中,农村地区农产品销售额增速(超过 30％)快于城市地区。

在帮助农产品产销对接方面,阿里巴巴的重点工作之一是推动产地直供。阿里巴巴在全国建立超过 30 个农业示范基地,淘宝村覆盖水果、米面粮油、肉禽蛋等多个品类,包括元阳红米、金寨猕猴桃、阿克苏苹果、金乡大蒜等。这些农业示范基地按照直供直销的新要求,提升产品标准和品质。

阿克苏苹果享有"苹果之王"的美誉,但是因交通不便、品质不统一等,阿克苏苹果一直没有成规模地走出新疆。阿里巴巴和阿克苏政府合作,共建产业基地,通过自动分选线确保苹果的甜度统一、单果重量统一。在物流和仓储上,阿里巴巴从根本上改变以往"分批、不固定、零散发货"的模式,通过跟阿克苏企业合作,在上海、广州、成都等地建立仓库,先将苹果批量运出新疆,到仓后通过菜鸟合作伙伴将苹果快速送到消费者手中,减少物流时间和苹果破损率。2017 年,在阿里巴巴平台上的累计销售量超过 13.5 万千克。

新零售帮助农产品开拓新市场。2017 年和 2018 年两年,在帮助农产品开拓新市场方面,新零售模式逐步显现出巨大能量。2017 年,江苏高邮咸鸭蛋被确定为淘乡甜品牌,在阿里巴巴电商平台上线当天,2 万箱咸鸭蛋售罄。两个月时间里,通过天猫、淘宝、零售通、天猫小店、盒马鲜生等新零售渠道,高邮咸鸭蛋共销售 103 万枚,创下销售新纪录。

从 2018 年 5 月起,农村淘宝淘乡甜品牌产品在近 20 个城市的 160 家大润发零售店销售,后续将覆盖大润发全国所有门店。这意味着,农村淘宝搭建的线上线下新零售渠道,全面向兴农扶贫业务开放,助力"亩产一千美金"计划。

2018 年 5 月 17 日,海口火山荔枝在淘乡甜官方旗舰店开始销售。5 月 20 日开始,海口火山荔枝在大润发 300 家门店销售,最远卖到黑龙江省黑河市的北安市。截至 5 月 21 日,海口火山荔枝的销售量达 175 万千克,基本销往海南岛外市场。

100 个农产品地标品牌脱颖而出。根据阿里平台大数据,形成

2017—2018 年地标农产品的电商品牌榜。其中,上榜的水果品牌最多,达 38 个;第二是茶品牌,16 个;第三是滋补品品牌,15 个。值得注意的是,这份榜单和首届中国农民丰收节组织指导委员会发布的"100 个农产品品牌"有 52 个品牌相重合,这反映出电商平台对农产品扩大品牌影响力发挥着重要的推动作用。

2017 年,农村淘宝团队在全国孵化培育出了 160 多个区域农业品牌。在帮助农产品塑造品牌、扩大销售额和影响力方面,农村淘宝团队推动了一系列措施。以大米品牌为例,农村淘宝团队联合五常大米、珍宝岛大米、盘锦大米等地标品牌企业,共同发布大米行业新标准,并通过大数据帮助大米企业优化加工和销售环节。比如,农村淘宝团队通过分析海量消费者需求数据,帮助珍宝岛大米实现当季脱壳,让消费者吃到 3 个月内的新米甚至当月的新米,一周销售量达 150 万千克,超过当地龙头企业多年的订单之和。

阿里巴巴大力投入脱贫工作。2017 年 12 月 1 日,阿里巴巴脱贫基金正式成立,此后脱贫工作成为阿里巴巴的战略性业务。2018 年上半年,阿里巴巴与福建长汀、吉林和龙、贵州雷山等合作,尝试探索"电商＋脱贫"的全新路径。

为了支持扶贫工作,阿里巴巴充分整合资源,如农村淘宝开设了专门的"兴农扶贫"频道,截至 2018 年 7 月,"兴农扶贫"频道覆盖 8 个省份 141 个县,包含 51 个贫困县,接入商品 701 款。同时,阿里巴巴也把销售贫困地区优质农产品作为新零售的战略性业务来抓,实现天猫超市、盒马鲜生、大润发、银泰等线上线下渠道同步联动,形成优质农产品销售矩阵。

过去一年里,在阿里巴巴中国零售平台上,贫困县农产品销售额快速增长,同比增长 34％,部分贫困县销售额同比增长超过 100％,比如云南宾川、贵州惠水、山西中阳等。其中,82 个贫困县的农产品销售额超过 1000 万元。

根据销售额数据,阿里巴巴发布了"2017—2018 年贫困县农产品电商 50 强"名单,前三位是云南文山、安徽舒城和云南勐海,第四至第十位依次为湖南平江、江西寻乌、西藏拉萨城关(区)、河北张家口万全(区)、山西临县、陕西富平和江西广昌。

(三)《阿里巴巴脱贫工作报告(2018 年上半年)》发布

2018 年 7 月 10 日,阿里巴巴发布第一份脱贫半年报,向社会公示其脱贫工作的最新进展。2017 年 12 月 1 日,阿里巴巴宣布成立脱贫基金,计划 5 年投入 100 亿元探索"互联网＋脱贫"模式,当时马云表示脱贫将成为阿里巴巴新的战略业务,并承诺每半年向社会公布一次脱贫工作开展情况。

阿里研究院等团队提供的数据显示:2018 年上半年,800 余个国家级贫困县在阿里巴巴平台的网络销售额超过 260 亿元;截至 2018 年 7 月,"兴农扶贫"频道覆盖 8 个省份 141 个县,包含 51 个贫困县;自阿里巴巴脱贫基金启动以来,截至 2018 年 6 月,网商银行向贫困县(包括国家级和省级)100 余万用户提供超过 380 亿元的贷款;截至 2018 年 6 月,117.8 万建档立卡贫困户通过"顶梁柱健康扶贫公益保险项目"获得健康保险保障;2018年上半年,阿里巴巴超过1000名员工投入脱贫业务,实地走访贫困县超100个。

如今,经过半年摸索和实践,脱贫基金在设定的五大脱贫领域内均已明确行动路线图,针对贫困县域的各类试点工作正在逐步展开:女性脱贫催生"新职业";陕西宁陕首批养育员上岗;蚂蚁森林上线平武关坝公益保护地,1000多万网友认领;而菜鸟驿站可达地区的最高海拔为4119米,在300个贫困县建仓,国家级贫困县上半年发送包裹超1亿件;阿里云将云计算应用到预判牲畜产量上,使牲畜病死亡率降低3%……阿里经济体的技术正全面运用到脱贫工作中。

1. 从"一县一品"到"养育未来",脱贫工作"花开五朵"

根据阿里巴巴脱贫基金成立时的规划,脱贫工作将重点在教育、健康、女性、电商、生态五大领域开展。半年报显示,2018年该5个领域的行动路线已明确并已展开试点。

电商脱贫,将聚力"一县一品"战略,系统打造农产品的质量标准和种植体系,培育源头竞争力;教育脱贫,则是在乡村教育、高等教育之外,新增职业教育及实业培训,实现"一人就业,全家脱贫";女性脱贫,除为贫困女性构筑就业、教育、健康全周期的核心保障外,还重点关注3岁以下儿童的未来养育工作。

拥有3.5亿用户的蚂蚁森林平台将升级为生态脱贫平台,引入公益保护地机制和品牌生态资源,助力贫困地区生态效益、经济效益的提升;健康脱贫,继续以"顶梁柱健康扶贫公益保险项目"为抓手,进一步扩大建档立卡贫困户的保障覆盖面。

在半年报的交流会现场,阿里巴巴脱贫基金的两位副主席——阿里巴巴董事局副主席蔡崇信与阿里巴巴 CEO 张勇分别介绍了其所负责的脱贫领域的探索实践和理念。

阿里巴巴与维吉达尼等合作伙伴,帮助巴楚打造"巴楚留香瓜"区域品牌,设定"一藤两瓜"的种植标准,并推进标准化农场模式,已经帮助 500 户贫困村民的收入从平均每亩 400 元提升到平均每亩 3600 元。张勇表示,2018 年 1 月,电商脱贫已经宣布将扶持 10 个贫困县作为电商脱贫试点县,为当地培育更多致富"鱼塘"。

而脱贫基金的最新进展是与河北承德市滦平县共同开展地方职业教育合作,实现"一人就业,全家脱贫"。此前,女性脱贫已锁定 3 岁以下孩子的养育工作,马云基金会则继续深耕乡村义务教育,阿里教育脱贫实现了对教育的全链条支持。阿里巴巴董事局副主席蔡崇信说,无论是脱贫还是发展,都需要本地人才来承接,通过教育,可为乡村留住人才,留住未来的希望,让乡村振兴有更多支点。

2."造鱼塘"、育支点、聚生态,脱贫半年 3 件事

五大脱贫领域的背后有 3 个关键词:造鱼塘、育支点、聚生态。这也是阿里巴巴脱贫基金的行动指南。扶贫、脱贫、致富是 3 个不同的阶段,扶贫是"授人以鱼",脱贫是"授人以渔",致富则是"造鱼塘",为脱贫创造条件。

无论是蚂蚁森林与生态脱贫的结合让百万人参与保护地认

领,还是淘宝的淘乡甜项目赋予公众购买的行为以公益价值,或是健康领域的"顶梁柱健康扶贫公益保险项目",阿里巴巴都积极利用自身经济体的平台,利用技术力量,让脱贫不再是盆景式脱贫,而是与千万用户产生关联。

正是因为与千万用户产生关联,阿里巴巴在 2018 年上半年才有可能有这样的成果:国家级贫困县的产品在阿里巴巴网络平台的销售额超过 260 亿元;淘宝"兴农扶贫"频道则实现覆盖 8 个省份141 个县,包含 51 个贫困县,接入商品 701 种;而蚂蚁金服旗下网商银行则向贫困县 100 余万用户提供超过 380 亿元的贷款。

这些也是半年来超过 1000 名阿里人,在全国调研近 100 个贫困县域,近 1.5 万人次奔赴在路上并持续试点后的收获。

而这还不是全部。阿里巴巴内有员工每年公益 3 小时的文化,2017 年共为社会贡献了超过 20 万公益时。阿里巴巴脱贫基金秘书长邵晓锋还宣布过,未来,这些公益时将全面连接脱贫战略,被赋予脱贫新使命。

(四)阿里研究院数据统计

阿里研究院发布的《中国淘宝村研究报告(2018)》统计显示,全国约 1/5 的淘宝村分布在贫困县,其中 43 个淘宝村位于国家级贫困县,近 600 个淘宝村位于省级贫困县。

自 2017 年 12 月 1 日阿里巴巴脱贫基金启动至 2018 年 11 月,蚂蚁金服助农贷款发放超过 768 亿元,贫困县贷款受益人数超过

164 万人;农村物流覆盖超过 300 个国家级贫困县,包裹量超过 2.4 亿个;阿里教育为国家级贫困县提供超过 26 万人次培训,新建 9 个贫困县培训基地。

(五)建设数字时代的"新乡村基础设施"

2018 年 9 月 27 日,中共中央、国务院印发了《乡村振兴战略规划(2018—2022 年)》(以下简称《规划》)。《规划》分别明确至 2020 年全面建成小康社会和 2022 年召开党的二十大时的目标任务,细化、实化工作重点和政策措施,部署重大工程、重大计划、重大行动,是指导各地区各部门分类有序推进乡村振兴的重要依据。

为助力实现乡村振兴这一目标,9 月 28 日,阿里巴巴也在第六届淘宝村高峰论坛新闻发布会上发布了《阿里巴巴助力乡村振兴报告》。会上,阿里巴巴副总裁、合伙人闻佳表示,阿里巴巴将运用"新零售"促进乡村振兴、"新金融"支撑乡村振兴、"新技术"驱动乡村振兴、"新农人"服务乡村振兴,建设数字时代的"新乡村基础设施"。

报告强调,阿里巴巴结合自身发展特点,梳理和总结近年来在"三农"领域的探索与实践,充分发挥特长优势,提出助力乡村振兴行动计划,为实现中华民族伟大复兴的中国梦添砖加瓦,这既是不可推卸的社会责任,又是自身发展壮大的重要舞台和现实途径。

报告显示,兴农扶贫业务已经成为阿里巴巴各个业务板块中的重要业务之一。阿里巴巴自 2014 年推动农村战略以来,一直致力于完善农村电商基础设施建设。2018 年,农村淘宝项目已经覆盖全国 30 个省域约 1000 个县,有 6 万名乡村服务人员。同时,上线了 500 多个兴农扶贫产品,建设了 33 个淘乡甜种植示范基地。2018 年 3 月,农村淘宝启动了"亩产一千美金计划",在农产品标准化、品牌化等方面为农产品原产地提供支持,助力乡村振兴。2018 年,该计划已经覆盖全国半数省域,覆盖近 1.5 亿农村人口。

除了以农村业务为核心的农村淘宝外,蚂蚁金服、阿里云、钉钉、淘宝大学等阿里生态内的优质资源都在向农村倾斜。初步统计,截至 2018 年 2 月底,蚂蚁金服在支付、保险、信贷方面服务的三农用户分别达到 2.28 亿、1.81 亿和 9161 万人。蚂蚁森林平台探索出了"生态+脱贫"双赢模式。淘宝大学在全国建设培训基地 17 个,开展培训 347 期,培训 3.5 万人次。阿里云"农业大脑"将人工智能和大数据应用到农业生产中,提高了农产品生产效率,助力保障国家粮食安全、农产品和食品质量安全。钉钉应用于基层政务办公,不仅可以提高办公效率,也方便了广大村民的生产生活,同时打通了扶贫工作"最后一公里",助力"最多跑一次"改革实践。

阿里巴巴副总裁、阿里研究院院长高红冰介绍,阿里巴巴将充分发挥自身资源优势,从"新零售"模式推广、农业品牌创建、网络物流构建、农业大脑应用、普惠金融、人才培养、政务钉钉、"互联网+脱贫"等 8 个方面,助力实现乡村振兴。

阿里巴巴除了进行产业兴农外,还直接开展乡村公益事业。从 2015 年开始,为树立乡村教师阳光活力的榜样典范,鼓励乡村教师锐意进取,马云公益基金会发起"乡村教师计划"。2015—2017年,共计 300 名乡村教师获奖,其中 165 人来自国家级贫困县。2017 年,阿里巴巴与蚂蚁金服、中国扶贫基金会共同发起"顶梁柱健康扶贫公益保险项目",覆盖贵州、云南、新疆、四川 4 个省(自治区)的 18 个县,117.8 万建档立卡的贫困户获得了健康保险保障,看病理赔金额超过 3000 万元。

(六)中国电商扶贫联盟成立,阿里巴巴积极实践网络扶贫

2018 年 8 月 2 日,中国电商扶贫联盟在京成立。据了解,该联盟由商务部电子商务和信息化司指导,中华思源工程扶贫基金会牵头,联合部分电商企业、爱心企业等共同发起,将致力于挖掘贫困地区优质农特产品,打造农特产品明星品牌,促进农特产品产销对接,助推贫困地区农特产品生产与加工的转型升级,帮助贫困地区脱贫致富。首批帮扶对象覆盖全国 340 个贫困县。

阿里巴巴是该联盟的发起单位和主席团单位之一,阿里巴巴副总裁方建生担任中国电商扶贫联盟副主席,并作为代表汇报阿里巴巴在电商扶贫方面的实践进展。

2014 年 10 月,阿里巴巴发布了农村战略。至此,阿里巴巴的网络扶贫实践开始从自发走向自觉,从普惠走向深耕。通过"平台

＋政府"的资源投入模式,阿里巴巴建设起县、村两级的电商服务体系,招募、培训、孵化返乡青年,落地金融、医疗、教育等更多的服务,最终促进当地农村电商蓬勃发展。经过 3 年的不懈努力,截至 2017 年底,阿里巴巴中负责农村事务的 1100 人组成的业务团队的业务覆盖了中国的 29 个省份 730 多县,其中包括近 200 个国家级贫困县和近 150 个省级贫困县。同时,该团队拥有 3 万个村级服务站和 6 万多人的乡村服务队伍。

在农村和农业领域的实践和积累,让阿里巴巴收获了助力脱贫的信心。2017 年 12 月 1 日,阿里巴巴董事会主席马云先生率领阿里巴巴合伙人启动了"阿里巴巴脱贫基金",在接下来的 5 年里,阿里巴巴计划将持续投入 100 亿元,致力于贫困地区,特别是农村地区的教育、医疗、商业基础设施领域的脱贫工作,同时关注女性、环保及社会平等问题。阿里巴巴将扶贫上升为集团的战略性业务,使扶贫成为全生态、全经济体的扶贫。6.8 万名阿里员工是阿里践行脱贫攻坚的生力军,1100 人的农村业务团队和 6 万多人的乡村服务队伍是阿里巴巴践行脱贫攻坚的主攻部队。

因此电商脱贫是整个阿里巴巴脱贫战略体系的核心,同时阿里巴巴在电商脱贫方向上已经形成了"点、线、面、体"的布局和实践,也形成了一些初步思考。

1. "点"主要指设立的电商脱贫样板县

2018 年初,阿里巴巴首选了 10 个深度贫困县域,希望集中集团的业务力量和优势资源,从定特色、建团队、做品牌、扶产业几个维度出发,重点帮助建档立卡贫困户,把贫困户手中的优质农产品卖向全国,快速实现精准扶贫。

2."线"主要是围绕贫困县域的农业产业链建设

农村淘宝团队在实践中探索出了直供直销新链路的农产品上行模式,通过对种植、仓储、物流和销售等全流程的整合,打通阿里生态体系内的线上及线下渠道资源,让传统农产品有了供应标准和消费需求。为此,农村淘宝团队推出了"农业品牌成长计划",瞄准贫困县域的优质农产品,着重打造 100 个农业品牌。

中国电商扶贫联盟成立后,阿里巴巴火线出击,迅速对接 12 个县的商家及其产品,并计划进一步以淘乡甜专属团队、专属服务商、专属运营方案的形式,针对 69 个县的农业产业链升级农业品牌。中国电商扶贫联盟的"品牌推介"的开局之战,在云南永胜县打响。

3."面"主要是指打造的"兴农扶贫频道"

2017 年 8 月 22 日,上线的"兴农扶贫"频道在阿里巴巴平台上设有 3 个专享入口,是 2018 年流量最大、质量最优的专属扶贫频道。"兴农扶贫"频道面向全国,筛选贫困地区的优质农产品,优先进驻"兴农扶贫县域官方品牌站",在不具备设站条件的县域,优选好品进驻平台,从更广泛的"面"上发力。截至 2018 年 10 月,"兴农扶贫"频道已经覆盖 12 个省份,总体已开通 230 个"兴农扶贫县域官方品牌站",启动了抢空重庆、抢空河南、抢空贵州、抢空湖北、抢空四川、抢空海南、抢空安徽、抢空甘肃、抢空福建等 9 个省份的"抢空系列"活动。

中国电商扶贫联盟计划针对所有 258 个县的农产品，如具备天猫店铺资质，或可以找到天猫店铺资质的代运营商，均可参与联盟内兴农扶贫项目，建设"兴农扶贫县域官方品牌站"，坚决落实品牌牵手。

除此之外，阿里巴巴旗下淘乡甜、零售通、聚划算、淘抢购、闲鱼、淘宝众筹、淘宝拍卖、蚂蚁金服、菜鸟、盒马鲜生、易果、阿里云、天猫生鲜、天猫超市、阿里文娱大鱼号等 20 支涉农业务团队成立了大农业兄弟连，整装待命，随时准备全方位、立体化地与各个县域的农产品资源方进行对接，发挥扶贫经济体的力量。

打赢脱贫攻坚战，是一项重要的历史任务。阿里巴巴相信，脱贫攻坚会是一次前所未有的社会协同。阿里巴巴将全力支持并参与国家的脱贫攻坚战略，以最大的决心和意志、最强的团队和行动、最饱和的资源和流量，吹响集结号，进入主阵地，打赢攻坚战！

（七）天猫"双十一"农产品成交额达 45 亿元，农村淘宝拉动十大脱贫示范县产业增长

来自秭归未来农场的高科技脐橙，长在甘肃山沟沟和二十年前口感一样的礼县苹果，纳入淘乡甜优质大米标准的九大产区大米……2018 年天猫"双十一"，全民"剁手"狂欢的同时，也为农货进城出了一把力。数据显示，"双十一"当天阿里巴巴全平台农产品

交易额超过 45 亿元,其中销售额达千万元的单品超过 21 个。

在"双十一"迎来第十个年头的时候,阿里巴巴围绕电商脱贫深耕的效果集中爆发,数字化赋能沉淀出了电商脱贫的新模式。

2018 年的"双十一",农村淘宝团队打造的 500 余款覆盖所有国家级贫困县的农产品,通过阿里巴巴线上线下渠道进入城市餐桌。与传统印象里水产蔬果更受"剁手族"喜爱不同,2018 年"双十一"期间,城市消费者在零食坚果类农货上的花费超过 14 亿元,在所有品类中排名第一,在粮油米面上的消费额超过 12 亿元位居次席,排在第三到第五位的分别是茶饮酒水、水产蔬果和传统滋补营养品。

城市买家的热情,让这些农产品走出田间地头,流向全国近 30 个省份。这一天,将近 2000 万笔农产品订单来自广东;江浙沪包邮区在农产品购买力上的表现也毫不逊色,3 个省份当天产生的农产品订单量均在 1500 万个左右,山东、北京、河南、湖北、福建和安徽排在第四到第十位。

2018 年 11 月 11 日零点刚过,仅用 10 秒淘乡甜旗舰店的五常大米便卖了 50 万千克,全天累计卖出 150 万千克;来自黑龙江中俄边境的珍宝岛大米,在 2017 年的某一周卖掉 150 万千克,但"双十一"当天就卖了 50 万千克;产自四川的平武蜂蜜,更是在售罄后预售到了 2019 年 9 月,1 万名消费者愿意为一罐土蜂蜜等上将近一年。

"双十一"当天,阿里巴巴打造的云南元阳、甘肃礼县、福建长汀、重庆奉节、内蒙古敖汉、新疆吉木乃等 10 个脱贫样板县也通过这场全民狂欢得到了实惠。元阳红米、礼县苹果、长汀百香果、奉节脐橙、敖汉小米、吉木乃面粉等样板县的核心产品，通过阿里巴巴的线上销售，销量同比翻倍，实现 100% 的产业增长；新疆吉木乃面粉的销量同比增幅高达 300%；内蒙古科右中旗的兴安盟大米当天的销量近 10 万千克，相当于当地 100 亩地的产量，实现了电商零的突破，当地农民韩军辉感慨地说："今年是大丰收年，本来还有点担心，现在能通过阿里巴巴在网上卖，心里踏实多了。"

2018 年，湖北秭归脐橙首次参加天猫"双十一"，11 日当天，50万千克的秭归脐橙被抢购一空，相当于整个未来农场产量的 1/3。4 万颗长汀百香果、5 万千克奉节脐橙、25 万千克礼县苹果也被全国各地的买家买走。

此外，一直等待天猫"双十一"的四川乡城苹果，也终于从果树上被摘了下来，4 万千克等待有缘人的苹果，在"双十一"后的几天，陆续被送到买家的手里。

2017 年 8 月，阿里巴巴启动"兴农扶贫"频道。一年时间，49 亿件农产品从农村流向城市，累计销售额过亿元的单品达到 22 个，千万元的单品近千个；十大脱贫样板县的农产品的累计销售额达到1.5 亿元。

基于大数据分析，农村淘宝团队 2017 年开始"一县一品"试点，并确立了"农产品直供直销新链路"模式，从种植、采摘到销售全链路介入，促进农业生产的品牌化、标准化、品质化。同时，"兴农扶贫"频道为各地开通官方品牌服务站，2018 年已经覆盖 16 个省份352 个县。

"国内农产品的产业链相对分散,没有组织和标准。我们希望通过整合产业链,从种植标准到仓储物流、从营销手段到区块链溯源,用直供直销新链路模式提升农产品品质,提高市场竞争力的同时让农民增收。"阿里巴巴大农业发展部总经理黄爱珠说。

2018年3月,农村淘宝推出"亩产一千美金"计划,其中包括结合大数据、区块链技术和人工智能的"未来农场"。该计划已在全国12个县域落地,其中利用数字化赋能农业的模式成为电商脱贫新模式。

六、云集打造农村电商扶贫"双育模式"

云集共享科技有限公司(后简称"云集")是一家专业从事电商平台研发、集成、运营及服务的移动互联网公司。作为一家创新型独角兽企业,公司自创立以来,始终立足为社会创造更大价值,尤其是在电商渠道下沉、电商扶贫模式、农产品上行通路、新农人培育等方面下足功夫,逐渐摸索出一条适合农业产业振兴、农民创业致富的"双育模式"。

(一)云集"双育模式"的典型项目及成效

鉴于扶贫工作中遇到的问题,云集先后推出"百县千品"和"乡村振兴千人计划"两个项目,一手抓优质农产品"育品",一手抓优秀新农人"育人"。

1. "百县千品"项目

2017 年 5 月,云集联合浙江大学农业品牌研究中心推出"百县千品"项目。该项目推出一年来,共帮助 32 个贫困县培育了 37 款农产品品牌,销售各类农产品超过 750 万千克,销售额突破 1 亿元,惠及 27 万贫困农户。同时,通过提高采购价、创造品牌溢价等手段,云集直接让上万名农户总增收超过 500 万元。

2. "乡村振兴千人计划"项目

在推进"百县千品"项目的过程中,云集发现农村地区,尤其是农村贫困地区,专业电商人才十分匮乏,在输出云集一整套农业现代化思维的时候,在当地很难找到能够承接的供应商或合作社。为此,2018 年 3 月,云集联合浙江大学全球农商研究院,发起"乡村振兴千人计划"项目,以实现乡村人才振兴和乡村产业兴旺。图 2-6-1 统计了"乡村振兴千人计划"项目首期 1500 名报名者的地区分布情况。2018 年 5 月,首期全球农商新农人高级研修班在浙江大学顺利开学,50 名来自全国 24 个省份的新农人从 1500 名报名者中脱颖而出,怀揣着乡村振兴的梦想重回大学校园。图 2-6-2 展示了"乡村振兴千人计划"项目首期 50 名新农人的助农情况。该项目启动以来,广受社会各界好评。

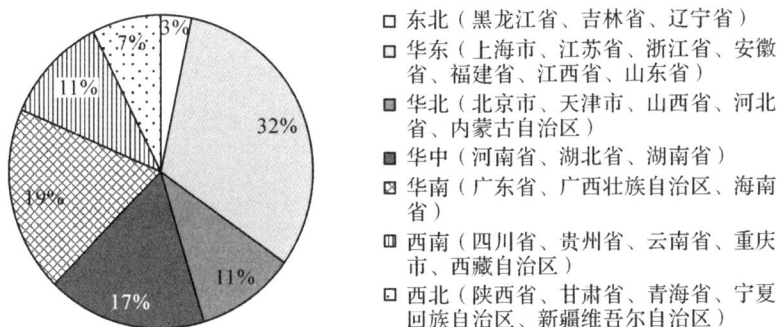

图 2-6-1 "乡村振兴千人计划"项目首期 1500 名报名者的地区分布

图例：
- 东北（黑龙江省、吉林省、辽宁省）
- 华东（上海市、江苏省、浙江省、安徽省、福建省、江西省、山东省）
- 华北（北京市、天津市、山西省、河北省、内蒙古自治区）
- 华中（河南省、湖北省、湖南省）
- 华南（广东省、广西壮族自治区、海南省）
- 西南（四川省、贵州省、云南省、重庆市、西藏自治区）
- 西北（陕西省、甘肃省、青海省、宁夏回族自治区、新疆维吾尔自治区）

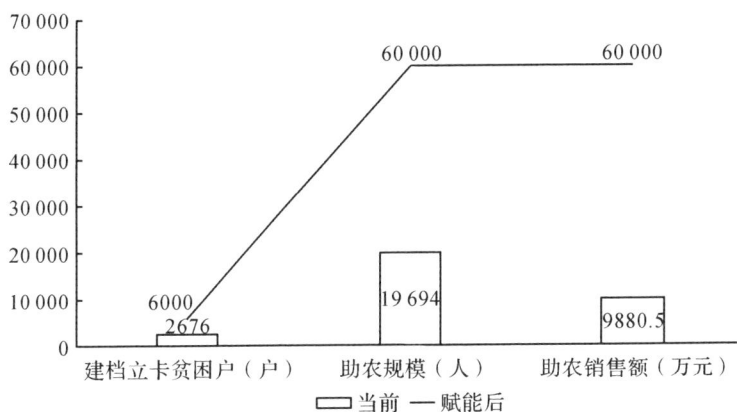

表 2-6-2 "乡村振兴千人计划"项目首期 50 名新农人的助农情况

（二）云集"双育模式"的主要做法

1. 打通农产品上行"高速公路"

云集把品牌商、仓储配送、产品内容、销售培训、IT 系统、客服等资源全部整合到云端,将商品和服务信息数字化,再将数字化信息传递给数百万云集店主。这种"渠道众包"和"媒介众包"的零售方式,既加快了商品信息传递的速度,又最大限度降低了供应链运营成本,省掉了所有中间环节,有效提高了运营效率,形成了农产品上行的"高速公路"。如陕西的临潼石榴,过去主要靠传统的上门收购和产品推介会进行销售,走的是"县道、省道"。2017年10月,临潼市首次邀请云集"联姻",共同打造石榴上行的"高速公路"。10月10日,首批5000份临潼石榴一上线就全部售罄。

2. 着力提升农产品品牌化

云集助农立足更大的视野、更高的层次、更主动的作为,把打造和提升农产品品牌作为持久的动力和抓手。如2017年10月,云集在吉林延边市成立"百县千品"办事处,重点挖掘延边苹果梨、平岗大米等地标农产品,短短一个多月就把延边苹果梨打造成"网红水果",日销售量可达到1万千克,平岗大米也成为网购爆品,上架5小时就售出2万千克,为延边地标农产品在全国创造出有影响的品牌和口碑价值。陕西省富平县把柿饼业作为支柱产业来抓,云集与富平县进行战略合作,建立柿饼行业选品标准,帮助富平柿饼往更专业的标准化、品牌化、电商化方向发展。2017年12月中旬,首批富平柿饼正式上线,仅3天时间就售出柿饼3.95万千克,销售额达302万元,直接帮助当地农民增加了收入。

3.重点帮扶国家产业扶贫项目

云集充分利用社交电商平台的特性,利用线上、线下融合发展的渠道优势和脉冲式流量优势,不断探索产业扶贫、电商扶贫和公益扶贫"三合一"的扶贫路径,夯实"互联网＋精准扶贫"的扶贫模式。如金鸡扶贫产业工程是国务院扶贫办三大产业扶贫工程之一。2018 年 6 月,在国务院扶贫办的见证下,云集与德青源公司在内蒙古林西县正式签订战略合作协议,双方在品牌、产品、渠道、营销、用户等领域进行深度合作,并计划 2019 年实现销售鸡蛋 1 亿枚、母鸡 1000 万只。

4.开辟援藏援疆新通路

西藏、新疆等偏远地区的资源丰富,但产品上行困难,且成本高。云集非常重视电商渠道向偏远地区的下沉工作,一直在探寻打开西藏、新疆等地农产品上行的新通路。图 2-6-3 为 2017 年 6 月至 2018 年 5 月云集的产品在偏远地区的月订单量。

2018 年 4 月,云集专门在新疆设置了物流仓库,这极大提高了云集在新疆地区的物流速度和服务质量。2018 年 8 月 6 日,云集与西藏那曲市色尼区政府正式签订战略合作协议,将云集"育品＋育人"的"双育模式"输送到那曲市色尼区,助力其特色产业振兴,支持带动色尼区年轻人采用"电子商务＋新农人"的创业模式,促进其区域电商行业的发展。

订单量（个）

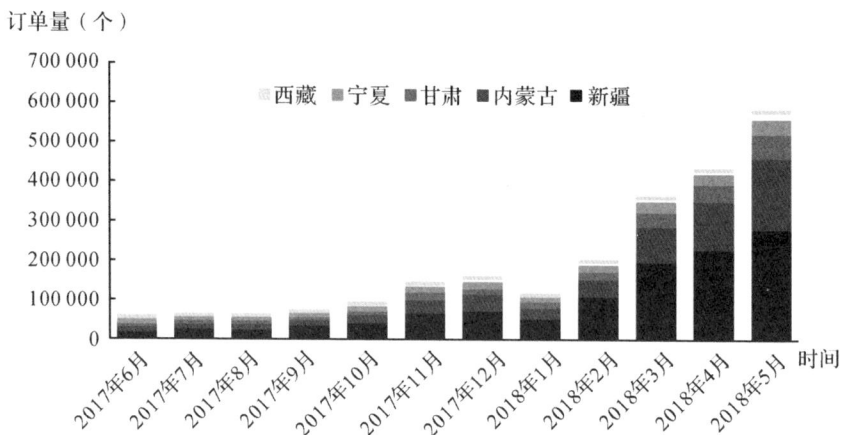

表 2-6-3　云集大力推动电商渠道向偏远地区下沉

5. 大力支持国家级贫困县

云集向贫困地区,尤其是国家级贫困县大力倾斜资源,帮助贫困地区符合电商属性的"名优特"商品拓宽网络销售渠道,并且借助社交电商的创新模式,帮助它们打造全国性的知名品牌。同时,云集探索出"线下旅游＋线上购物"的体验经济新模式。2018 年 5 月,云集帮助云南大理洱源县的滞销紫皮大蒜打通了上行通路,最快一个小时卖 13.5 万千克。2018 年 7 月,云集助力湖北省恩施巴东县拓展产品销售渠道,帮助巴东富硒小土豆走出大山;同时帮助四川省屏山县的茵红李上架云集,茵红李一天的销售额就突破了 100 万元。2018 年 8 月,云集助农扶贫团队来到江西省安远县,帮助安远特产销往全国各地,以打造爆款产品和网红品牌来带动当地农民脱贫。

6. 建立扶贫公益基金会反哺贫困地区

云集正在筹建公益基金会非常重要的一块业务,即扶贫。2018 年 8 月 15 日,云集"百县千品"项目组正式推出"双出"计划:一是帮助当地优质农产品出山创收,为当地农民脱贫助力;二是帮助当地优秀的孩子们出山进城,长见识结对成长。为此,项目组将在每一个选定产品的核心产区,开展"小眼看世界"反哺行动,计划在所售卖的每一份产品中,提取 0.5 元作为圆梦计划的公益基金,该笔资金将由专业团队打理,帮助当地中小学生(9—14 岁)实现到城市增长见识的梦想。该计划的第一站已经起航,将帮助四川省大凉山的孩子们实现到杭州的梦想。

七、贝店"一县一品"精准扶贫总结

进入 2018 年以来,贝贝集团旗下贝店紧抓社交电商发展的新机遇,在电商零售领域持续加大创新力度,深耕产品服务能力,业务取得了高速增长,获得了社会各界的关注和认可。

与此同时,贝店全员紧跟党走、与时俱进,全面学习和贯彻落实习近平总书记系列重要讲话精神、党的十九大精神等,积极响应党的扶贫攻坚战略,与杭州市江干区实现密切联动,对黔东南州三穗县、湖北恩施州恩施市、江西赣州等开展对口帮扶工作。通过"一县一品"的扶贫助农等计划,贝店充分发挥社交电商的网络和资源优势,探索出了一条"社交电商＋技术培训＋消费扶贫"的电商助农新模式。

这一年,贝店先后与陕西杨凌、河南三门峡、河北故城、湖北恩施、贵州黔东南、海南三亚、江西赣州等地开展政企合作,相继签约和帮扶了全国 10 余个省份的 23 个贫困县。这些地区的农特产品上线贝店后销量都是一路上涨,仅 2018 年 11 月份在贝店平台上销售的农产品总重就达到了 5000 万千克。自 2018 年 5 月以来,"一县一品"计划已经为上百万贫困地区农民创富增收数十亿元。

未来,贝店将持续践行精准扶贫战略,将帮扶的脚步踏进更多贫困区县,坚持"公益为本、品质为先"的行动原则,为电商扶贫、企业助农树立新典型和新范本。

(一)"一县一品"扶贫助农计划

1.项目简介

"一县一品"扶贫助农计划是贝店在 2018 年 5 月启动的扶贫助农项目(图 2-7-1),贝店利用自身平台优势和网络资源,将农村电商进行线上线下融合,通过完善鲜活农产品的直供直销体系等动作推动农产品上行,助力当地农村电商物流基础设施建设。

图 2-7-1　贝店捐书、捐钱

"一县一品"计划为消费者提供了最佳品质的产品,实现农产品从农田到餐桌的新鲜直达,确保消费者用更优惠的价格买到更好的产品。贝店还帮助地域性品牌扩大影响力和知名度,并通过"电商扶贫"扩大农特产品销量,推动农户增收致富,为贫困地区脱贫摘帽提供了新路径和新模式。

2018 年已经与贝店签约合作的地区产品包括:陕西杨凌猕猴桃、福建平和蜜柚、山东泗水紫薯、河南三门峡苹果、江西赣州脐橙、四川蒲江丑橘、海南三亚杧果、湖北洪湖小龙虾、江西安远红蜜薯、贵州三穗麻鸭蛋和金秋梨、湖北恩施富硒土豆、陕西米脂小米、浙江临安山核桃、黑龙江绥化大米等等。

2. 助农数据

2018 年助农数据如表 2-7-1 所示。

表 2-7-1　助农数据

时间	品种	销量数据
2018 年 11 月 5 日	江西赣南脐橙	12 小时销量突破 250 000 千克
2018 年 10 月 7 日	云南哀牢山冰糖橙	累计销售 20 000 千克
2018 年 10 月 1 日	山西运城脆柿	累计销售 16 000 千克
2018 年 9 月 16 日	福建琯溪红心蜜柚	11 小时销售突破 500 千克
2018 年 9 月 5 日	湖北恩施州富硒土豆	3 小时销售 50 000 千克
2018 年 8 月 24 日	贵州三穗金秋梨	3 小时销售 40 000 千克
2018 年 8 月 11 日	山西绿心猕猴桃	累计被抢购 20 000 千克
2018 年 8 月 4 日	四川会理石榴	1 小时销量突破 28 000 千克
2018 年 7 月 26 日	甘肃民勤蜜瓜	当日销售 150 000 千克
2018 年 7 月 22 日	攀枝花凯特杧果	1 小时销量突破 40 500 千克
2018 年 5 月 17 日	洪湖小龙虾	1 小时销售 5000 千克

（二）"一县一品"优秀案例

1. 23 600 枚三穗麻鸭蛋上线贝店平台 3 小时后全部售罄

三穗县位于贵州省东部,隶属黔东南苗族侗族自治州,属于典型的贫困县,当地农民收入较低,致富手段单一。

三穗麻鸭蛋为国内知名的优良蛋类,三穗因此而享有"麻鸭之乡"的美誉。2018 年 7 月 26 日,贝店与三穗县电子商务公共服务中心正式达成"一县一品"助农合作协议,三穗麻鸭蛋正式在贝店上线。活动当天,23 600 枚三穗麻鸭蛋上线 3 小时后全部售罄,实现销售额 4.47 万元。

值得关注的是,贝店的溯源团队还深入当地,用纪录片的形式捕捉三穗原生态农作物的生长故事。对贝店来说,"一县一品"不仅是通过平台带动三穗的农产品销售,更是要帮助地方打造特色农产品品牌知名度,帮助当地走上可持续增收之路。

2. 恩施土豆上线 3 小时售出 5 万千克,贝店扶贫助农成效凸显

恩施市为恩施土家族苗族自治州的州政府所在地。恩施州下辖 2 市 6 县。其中,不少贫困村因地理位置偏僻、交通不便、招商引资难等,成为恩施深度贫困村。

为让乡亲们早日脱贫,恩施引入外部优势资源,尤其是充分利用杭州市江干区对口帮扶恩施市的契机,将杭州市的成熟经验技术和优秀人才输送到恩施市及其贫困乡镇,切切实实帮助贫困户脱贫致富,推动区域协同发展。2018 年 5 月以来,恩施土豆首次上线贝店试卖,一下就卖出了 10 万千克,这更坚定了恩施市政府借力社交电商平台来打开恩施农特产品销路的信心。9 月 4 日,恩施市政府与贝店正式达成战略合作协议,9 月 5 日 9 点,恩施土豆正式上线贝店销售,上线 3 小时销量即突破 5 万千克,首日便取得超 15

万千克销量的可喜战绩。恩施土豆销路不愁,致富路上有了奔头。这一喜报为恩施市众多种植土豆的贫困户带来了福音。

八、环球捕手扶贫案例

(一)环球捕手"让中国田更甜"

环球捕手以"让中国田更甜"为公益助农扶贫的价值主张,将解决滞销农产品与赋能优质农产品作为扶贫聚焦领域,同时辐射文化传播、消费扶贫和弱势帮扶3个公益议题,以解决真实的社会问题、实现产销融合、推动会员深度参与、探索可持续的公益模式作为四大公益原则。

环球捕手积极探索和实践,于2017年12月启动"中国田"助农扶贫计划。环球捕手计划用3年时间,围绕建档立卡贫困户,通过"消费扶贫、文化扶贫、就业扶贫、农副产品扶贫"等举措,投入1亿元营销资源,精准帮扶超过100个贫困地区地标农产品上行。

"中国田"计划从2017年12月开始实施,共精心策划33场线上线下助农营销活动,在全国15个省份26个县区启动了30个农特产品扶贫项目。根据调研情况和自身实际,环球捕手确定了精准扶贫的4个主要举措:打开农品销路、构建战略同盟、推动品牌溯源、助力社会公益。

1. 打开农品销路

我国幅员辽阔,复杂的地形和气候条件造就了品类繁多的初级农产品。由于运输条件不佳、市场信息缺失等,对于农产品来说,"产销两难"已成为常态。为此,环球捕手"中国田"项目组携平台近 4000 万用户,充分发挥"脉冲式"流量优势,通过供应链整合、线下素材采集、社群活动预热、精准投放链接、增强品控与售后等方式,有效解决农产品滞销问题。

2017 年 11 月末,环球捕手收到云南省昭通市后海村数千亩"丑苹果"滞销信息,临近春节,后海村的 200 余户贫困户面临着血本无归的困境。经过积极筹备,12 月 13 日,昭通苹果上线环球捕手平台,在 90 分钟内销售 15 万千克。

2018 年 5 月,海南东方市小台杧滞销,环球捕手应海南东方市农业部门邀请,组织工作人员与旗下服务商共 70 余人,深入产地开展助农活动。5 月 30 日,海南小台杧上线环球捕手平台,12 小时内热销 125 万千克,创造了海南省单一农产品的单日线上销售纪录。

2018 年,受"倒春寒"与台风"热比亚"的双重影响,安徽省砀山县的酥梨大面积减产,广大果农面临着巨大的损失。9 月 8 日,受砀山县政府邀请,环球捕手派出"中国田"项目组、内容摄制组、市场公关部进驻酥梨原产地,出动无人机拍摄产区风貌,并设计与制作传播素材。9 月 12 日,环球捕手在原产地举行"砀山酥梨全网发售仪式";同日,应环球捕手号召,数十名会员前往砀山县参与分拣、打包等助农活动。9 月 13 日,砀山酥梨上线环球捕手平台,迅速热销 20 万单共 50 万千克,帮助当地受灾果农解决燃眉之急。

2. 构建战略同盟

环球捕手注重与各地政府的涉农部门、电商服务机构、知名供应链公司构建战略同盟,从而有效整合各方优势资源,形成合力,推动消费扶贫、精准扶贫事业。

2018 年 7 月 17 日,作为"杭黔帮扶"活动的重要组成部分,环球捕手"中国田"项目组与黔东南州公共服务中心签署战略合作协议,双方约定在初级农产品上行、民族手工艺品销售、公益扶贫等领域开展深度合作。

7 月 23 日,环球捕手"中国田"项目组与湖南快乐购电视购物频道签署战略合作协议,双方就媒体资源、农产品上行、助农扶贫等领域的合作达成共识。

7 月 26 日,环球捕手副总裁、"中国田"项目负责人吴刘兵应邀参加国务院扶贫办在山西隰县举办的"全国电商精准扶贫培训班"。在培训班上,他汇报了公司的助农案例,连接了全国各贫困县区更多的待帮扶资源。

3. 推动品牌溯源

"中国田"项目一直秉承"不仅真扶贫,更是源头好货"的理念,通过参与区域公共品牌建设、对接全国地标农产品,积极投放平台营销资源,帮助好货溯源,实现"优质优价"。

2018 年 7 月和 8 月,"中国田"项目组先后两次前往西藏当雄县,就冰川矿泉水、牦牛肉制品的营销开展前期调研。

8月6日,环球捕手作为协办单位,出席首届牦牛产业发展高峰论坛。8月24日,"中国田"项目组深入"中国冬枣之乡"——陕西省大荔县,在拥有400余户贫困人口的小坡村举办"环球捕手·'中国田'首届大荔冬枣节发售仪式暨新闻发布会"。8月25日上午10点,环球捕手平台上线大荔冬枣,1小时内热销25 000千克,有效助力本地枣农增收创收。

4.助力社会公益

身为一家具备高度社会责任感的电商企业,环球捕手"中国田"项目承接着助农公益、精准扶贫的天然使命。

甘肃省民勤县位于腾格里与巴丹吉林两大沙漠之间,沙化面积达90%以上。2018年7月18日,应民勤县政府邀请,环球捕手"中国田"项目组出席首届"民勤蜜瓜全网发售仪式暨新闻发布会",项目组负责人在会上宣布:每在环球捕手平台上卖出一箱民勤蜜瓜,即捐赠一棵梭梭树给民勤县,助力当地治沙工程。

(二)特色产业电商扶贫之"雷山实践"

在公益助农实践中,环球捕手针对不同地区不同产品的特性,采取针对性活动策划。本部分以贵州省黔东南州雷山县绣娘帮扶项目为例,深度阐述环球捕手在助农扶贫工作上的实现路径与主要做法。

（1）与黔东南州公共服务中心签约。由杭州市商务委员会牵头，2018 年 7 月 17 日，作为杭黔帮扶活动的重要组成部分，环球捕手与黔东南州公共服务中心在贵州省凯里市签署战略合作协议，双方约定在挖掘民俗产品、初级农产品上行方面进行密切合作。

（2）举办民俗文化展。2018 年 8 月 10 日，由杭州市商务委员会、黔东南州商务局指导，杭州市临安区商务局、杭州市江干区商务局、贵州施秉县人民政府主办，杭州市电子商务公共服务中心、杭州子卯文化创意有限公司、浙江花果山文化传媒有限公司承办的苗族非遗文化交流展在杭州成功举行。环球捕手作为协办单位出席并在合作媒体上进行宣传。

（3）帮扶活动与素材采集。2018 年 9 月 3 日—7 日，环球捕手派出"中国田"项目组、内容运营部、市场公关部共 8 名员工，前往贵州省雷山县开展一系列的活动。如开办"百名绣娘创意培训班"，为本地的手工艺从业者辅以创意设计培训；与南猛村、茅坪村政府签署民俗产品销售协议，预计可带动 300 名贫困村留守妇女增收创收 400 万元；安排摄影师、摄像师及无人机团队进行素材拍摄，共获取千余张照片和 200 余条视频，为宣传民族文化、挖掘产品故事积累了丰富的素材。

（4）产品上线与营销创新。相关民俗手工艺品已于 2018 年 9 月上线平台。相对于针对初级农产品的爆品打法，环球捕手根据民俗手工艺品的特性，做了以下尝试与创新：

第一，深挖产品故事，将"内容输出"作为预热首选。通过精美的图文编辑、视频引导，将消费者的购物心理从以性价比为先转为

"情怀"导向。

第二,相对于初级农产品24—72小时的售卖期,环球捕手特意为苗绣系列产品开设线上专栏,允许长期售卖,以便为贵州的绣娘持续提供订单。

第三,联合文化创意公司王的手创,通过动漫IP产品的授权与制作,适时推出符合当下影视潮流的作品,从而提振单品销量。

第四,带领旗下优质会员参与线下活动,如在黔东南州举办的"苗年",从而扩大受众规模,提高社会影响力。

九、闻远科技电商扶贫

杭州闻远科技有限公司(以下简称"闻远科技")于2013年在杭州创立,现已发展成一家集人才培训、公共服务、平台运营、区域品牌、农旅O2O、创客孵化、跨境电商和金融扶贫于一体的电商进农村综合服务商。目前,闻远科技已设立了36家分公司,其中23个设在国家级电商示范县。

(一)"民族工艺＋电商"跨界融合,推动传统文化产业发展

闻远科技与王的手创淘宝手工店一起进行民族工艺与电商融合发展的探索,通过创新打造苗绣"手工村落"和"扶贫车间",助推

传统苗绣走出大山,实现千万绣娘在家门口就业,形成产销全覆盖的"造血式"精准扶贫模式。主要做法如下:

1. 跨界融合,推动产业协同发展

要借助互联网的传统文化传承创新,须符合当下青年的互联网思维特点,契合他们的欣赏方式。闻远科技通过运营临安—施秉电商协作运营中心统筹互联网和销售专班等资源,对苗绣产品进行统一品牌策划、包装设计和产品研发。通过电商,闻远科技让传统文化走进家家户户,让它变得可感知、可触摸、可互动、可体验、可分享。

它们开发的苗绣产品具有3个商业基本点:民族特色和现代时尚结合的原创艺术、纯手工苗绣、棉麻底布。另外,该电商协作运营中心还统筹开展产销对接活动,邀请平台、设计商、服务商参与对接,充分发挥杭州电商平台企业、服务型企业、"快递＋"企业等在实体供应链、产业链和价值链方面的优势,通过"内容电商""社交电商"等拓展多方面的订单式对接渠道,打造苗绣产品线上线下"订单化服务",让整个施秉苗绣产品有更完善的市场体系,助推整个苗绣手工艺产业体系的转型升级。

2. 渠道升级,激活传统文化力量

在纯手工制作的基础上,将精美的苗绣与生活用品相结合,使苗绣更符合现代生活需求,更接近市场。闻远科技通过打造实体化销售团队,具体实施苗绣手工艺产品文化创意开发、非遗产品销售、特色馆建设、手工村落创建等项目,将苗绣产品的销售渠道拓展到电商平台,并通过不断扩大营销渠道促进农产品销售,助力施秉精准扶贫。

3.品牌营销,树立苗绣品牌形象

品牌缺乏限制了苗绣产品的网上销售,并使其容易陷入价格混乱、真假难分的困境中。要解决问题,一是施秉政府要充分挖掘和弘扬当地优秀民族文化,树立施秉民族手工艺品苗绣品牌形象,更好地推动苗绣的发展;二是施秉政府要将企业和家庭作坊组织起来,成立协会或网商联盟,支持他们打响"苗绣村""苗绣之都"等地域品牌,将苗绣打造成施秉的地方名片;三是施秉政府要促进家庭作坊向现代企业转型,培育一批有实力的苗绣生产企业、流通企业,积极打造企业品牌。

4.产销对接,探索上行新模式

闻远科技在临安、施秉等多地开展施秉农特产品产销对接活动,助推苗绣未来精准扶贫试点工作。临安在销售渠道和探索多种对接模式上,一方面强化创新驱动,进一步优化苗绣产品,大力提升产品质量,推动施秉苗绣等特色产品销售;另一方面推动施秉打造国际知名民族工艺品牌,扩大市场覆盖面,引领带动苗绣产业发展,推动苗绣产品走向全国,走出国门。

闻远科技主动发挥服务商的作用,大力对接开展应急促销、季节性促销、扶贫促销等产销对接活动,探索展会促销、网络促销等多种产销对接方式,推动有关企业与施秉建立直接联系,形成长期稳定的供销关系,并且通过互联网传播的形式推广苗绣品牌。

5.人才培育,指尖经济助力脱贫

以非遗手工艺加工为依托,由政府主管部门牵头开展技术传授和技艺培训活动,并帮助施秉贫困地区的绣娘选导师、选场所、选项目。对电商带头人给予支持,对成功企业的经验进行宣传,让农民看到发展电商的实惠,激发他们开展电商活动的热情。通过闻远科技等服务商,为施秉绣娘进行电商创业提供业务咨询、技术支持和政策帮扶。

2018 年,临安区政府选取建档立卡贫困户相对集中的施秉县马号镇建立刺绣产业实训基地。该基地占地 500 平方米,是集教育、培训、设计、生产、加工于一体的集中学习平台。临安区用东部先进的理念培训提升施秉绣娘技艺,从而打造一批具有示范引领作用的高级绣娘人才。

(二)电商服务牵线搭桥,社交电商助力三都农产品上行

贵州省三都水族自治县,是中国唯一的水族自治县。三都县开展电商进农村工作以来,一直站在"电商＋精准扶贫"的战略高度,把电商扶贫作为一项重大举措来抓。实现电商扶贫,最艰巨、最繁重的任务是实现农产品上行,为此,三都县在探索农产品上行

的路上创新思路和方法,因地制宜、精准发力,走出了属于三都特色的社交电商促上行模式。

1.夯实水乡电商人才基础,坚持电商扶贫精准培训

一是配强干事创业队伍。由乡镇(街道)党委主要领导担任电商发展一把手,分管领导具体抓,并将电商知识纳入党员培训内容;同时采取专题培训、专家讲座、沙龙、夜校等形式,组织开展电商培训。二是建好服务队伍。重点从机关事业单位中遴选熟悉电商、农业的人员,组建电子商务指导服务团队,再依托村(社区)的党员活动日,推进电商咨询和服务进组入户,协调解决在发展电商过程中遇到的各种难题。三是建好人才队伍,实施"水乡电商人才培养计划"。

2.做好农特产品产销对接,社交电商赋能精准扶贫

作为三都电商公共服务中心运营服务商,闻远科技充分对接淘宝、京东、贝店、每日一淘等成熟社交电商平台,开展社交营销模式以解决农产品上行问题。通过源头直采,极大地保证了农产品的新鲜品质,并进一步降低仓储、运输等方面的成本,确保消费者能便捷地买到优质低价、新鲜健康的三都农特产品。2018年9月1日—10日,三都蜜橘的销售突破7万件,销售额突破140万元,帮助三都大河镇沃屯村90户种植农户增收50万元,平均每户增收5556元,真正让农户得到了实惠。

3. 注重电商整体服务,拓宽农特产品网销渠道

三都县通过引入闻远科技等第三方电商服务企业落地服务,牵线搭桥,下乡挖掘、对接农产品,立足社交关系;利用电商创新农产品上行模式有效拓宽农特产品的网销渠道;对接各类电商平台,直接连通农户和消费者,让农户、消费者实现了双赢。这种电商扶贫模式让企业实现了自身的价值,还帮助农民获得长期收益,实现脱贫致富。2017年,三都县实现电商交易额达5.36亿元。

闻远科技将协助三都政府继续探索电商助农的创新模式,通过线上购物节、线下展销会等形式,为农民致富增收找到新路子,在助力农产品上行基础上,推动乡村振兴,实现社会效益与经济效益的双赢。

4. 开拓农村站点服务功能,服务电商创业增收致富

一是依托商务部推动电子商务进农村的东风积极与省内外知名电商企业合作,努力解决农村站点运营效果差、站长业务不精等共性难题。截至2018年5月,三都县已建设1个县级电子商务公共运营服务中心、85个农村电子商务服务站,行政村站点覆盖率达58%,服务覆盖建档立卡贫困户2万多人(次)。二是引导闻远科技、贵农网、电商云等第三方平台有针对性地对三都进行点对点培训与孵化。2017年,三都县开设了秀秀三都农产品展销馆,培育了电商网店50余家,将三都酸腌腊制品、马尾绣、茶叶、椪柑等特色农产品销往全国。

（三）系统化电商服务，面对面精准扶贫

闻远科技自成立以来，秉承"让农村创业更简单"的企业使命，凭借自身多年在电子商务领域的实践与经验服务于全国贫困地区，在过去的 5 年里，闻远科技探索总结了一套"系统化电商服务，面对面精准扶贫"的农村电商服务经验，主要做了以下工作。

1. 系统培训打造扶贫队伍

闻远科技在农村电商人才培训上一直秉持"系统化、持续化、分层次、分阶段"的原则打造扶贫队伍。

系统化培训：坚持各大第三方电商平台培训与微商营销培训并重，理论知识与实践操作并重，前期触网辅导与后期运营提升并重。

持续化培训：把握互联网市场的发展方向，更新培训课程，加强新知识新技能培训，让农民跟上时代发展步伐。

分层次培训：培训群体覆盖建档立卡贫困户、返乡创业农民工、大学生、农村合作社人员、种植养殖大户等，对于不同群体、不同学习能力的人群，进行针对性的培训。

分阶段培训：根据网商在不同成长阶段的不同需求提供创业型培训、专业型培训、企业型培训，帮助网商成长壮大，参与市场化竞争。

截至 2018 年，共举办大小电商培训、沙龙 3000 余次，累计培训

20 万余员工,增加电商从业人员 5 万余名。

2. 三级体系助推农产品上行

(1)三级公共服务体系实现农村电商生态优势。第一,激发公共服务中心活力。闻远科技在每个公共服务中心落地团队运营,首先提供县域电商的顶层规划设计,为当地县域电商发展理清思路、提供解决方案;其次,提供电商培训、网店运营、参观接待、创业指导、站点服务等基础公共服务;最后,提供资源对接、活动策划、资金引入、创客孵化、品牌建设等增值公共服务,使得县域电商形成抱团合力、活力焕发的生态优势。截至 2018 年 12 月,闻远科技在全国范围内已建设运营 50 个县级服务中心。第二,乡村服务站点提质升级。闻远科技以开放共享的互联网精神打造"互联网超市"服务站,为村民提供便民服务,同时通过站长主体孵化、完善网货供应链体系推动本地农特产品的线上销售。2018 年,闻远科技在全国拥有"农村互联网超市"功能模式的农村电商服务机构 274个。闻远科技结合国家乡村振兴计划,探索把服务站升级为集农产品上行、工业品下行、物流配送、便民服务、创业培训、文化公益、政策宣讲、乡村旅游、金融信贷等服务于一体的综合服务站,开展多项服务,包括商业经营服务和公益公共服务,同时为农村综合治理提供一个新平台。2018 年,闻远科技在安徽叶集区等地打造了100 多个"就业扶贫驿站"。

(2)双向物流配送体系实现运行有序、成本降低。闻远科技自主研发的县域物流信息系统,遵循服务村民、上下行并重原则,打通了农村电商物流的"最后一公里",实行"村收镇运县处理,县分镇配村自提"方式解决上下行物流问题。

(3)现代化供应链体系实现开放共享、全网分销。依托农业企业成熟的生产加工服务能力及闻远科技的供应链分销大数据系统研发能力,引入质量溯源体系,有效整合营销与物流资源,建设开放式智能化仓配一体供应链公共服务体系,实现农村产品统一入仓、全网分销、一件代发。截至2018年12月,杭州市临安区坚果产业开放式智能化仓配一体供应链公共服务体系正在实施中。

(4)大数据监测体系实现精准决策有据可依。持续加强大数据开发,开展勤劳致富App、智慧景区小程序、黔宁购App等适合三农发展的研发项目,建立以农产品追溯、农村商品上下行为基础的县域电商大数据监测体系,实时掌握电商发展情况和具体到产品类目的网络销售情况,为订单农业、产业发展决策提供科学依据。

3. 精准营销促进农户增收

(1)借力平台精准扶贫。闻远科技与42个贫困县建立了对口扶贫关系,以建档立卡贫困户脱贫为主要目标,联合当地政府、企业合作社共同整合当地农特产品,完善网货供应链体系,对接第三方电商平台,并针对贫困户定期开展线上线下助农扶贫营销活动。闻远科技依托各地的互联网超市站点解决了50多起突发性农产品难卖问题,联合阿里巴巴等平台累计策划了8期"寻味原产地"淘抢购营销活动,使贫困户收入增加明显。

(2)挖掘特色品牌。闻远科技积极联合当地政府,以农业企业为主体,挖掘当地名优特产品,打造一批在全国具有较高知名度和影响力的区域公用品牌,实现品牌增值。截至2018年,闻远科技已经打造多个知名区域公用品牌,包括"临安山核桃""紫云红心薯""百色芒果""礼县苹果"等;累计打造农村产品品牌135个,包括97个扶贫品牌,品牌价值日益突显。

(3)节庆营销造势上行。闻远科技联合地方政府集中优势力量发起10余次农产品品牌特色节庆营销活动,实现销售额2亿余元;联合第三方电商平台开展主题营销活动20余次,实现销售额超1亿元。其中,"礼县苹果节"活动当天交易额共计800多万元;"百色杞果节"活动期间的销售收入达1300多万元,产地农户收购价格上涨一倍,直接带动约1500名农民增收。

(4)展销推介资源赋能。闻远科技通过组织及参加全国活动、省级和地方特色展会等多种形式开展优质农产品对接和推介,为各地农产品"走出去"、本地新农人创业搭建了更广阔的渠道。闻远科技先后组织服务地区新型农业经营主体参加各类博览会、展销会、推介会30余次。

4. 三产融合建设"美丽乡村"

闻远科技通过实施"村一味""趣村里"项目带动"互联网＋特色村落＋X"提升"美丽乡村"项目,将农旅与一、二、三产业深度融合,挖掘乡村特色项目,并结合线上线下同时进行土特产销售、民俗旅游等吸引游客的活动,提升"美丽乡村"知名度和美誉度。

十、打通县域农产品上行通道，"安厨模式"助力脱贫攻坚

（一）安厨扶贫实践和成效

杭州安厨电子商务有限公司（ANCHU，以下简称"安厨"），是一家专注于农业电商发展的企业，2013 年由以王晓桢为首的 3 人团队创办。安厨旨在为县域提供农产品上行的系统化解决方案，为消费者提供农产品购买平台，通过大数据助推农业供给侧结构性改革和农业产业化发展。

安厨已与浙江、云南、四川、贵州等全国 7 个省份 20 多个县建立了战略合作关系，其中很多是国家级贫困县，比如贫困问题突出的贵州岑巩县、榕江县，还有让习总书记牵挂的大凉山贫困地区，安厨通过让当地优质特色农产品不断"上网触电"来助力扶贫攻坚。2016 年 4 月，安厨启动了莪山畲族乡"黄金粽"项目，15 个工作日内"黄金粽"的线上线下订单总量已超过 21 万个，形成了"黄金粽"的生产产业链。5 月，安厨启动"苹安万家"活动，精准帮扶陕西省韩城、山西省运城两个全国久负盛名的苹果产区，帮助果农销售苹果 10 余万千克，助果农增收 60 余万元。2017 年 4 月，安厨发起淳安县春笋助农公益活动，当即产生鲜笋订单 315 个，帮助笋农解

决了鲜笋滞销问题。8月,安厨联合淳安残联组织了"残疾人电子商务创业培训班",手把手指导残疾人如何开店、卖货、赚钱,帮助残疾人创业增收。9月,安厨平台启动"助农扶贫·优质好果销售计划",帮助陕西省眉县农民销售万斤滞销猕猴桃,让这种坚持原生态种植,拒绝使用膨大剂,产出的果子小、卖相野的"丑孩子"有机会被市场认可。10月,安厨帮助云南漾濞彝族自治县解决了1.5万千克核桃滞销难题。2018年3月,借助微店平台的强大粉丝力量,安厨积极帮助建德市大洋镇解决滞销椪柑近20吨。5月,广东省湛江市徐闻县菠萝喜获丰收,却因供过于求而滞销。安厨得知后第一时间启动助农销售行动,10天销售徐闻菠萝近4吨。7月,杭州市供销社联合安厨帮助富阳梨农解决产品滞销问题。安厨2天内完成对杭州富阳翠玉梨的电商化打造,上线4天便销售翠玉梨2500多千克。

安厨走过的5年农业电商路,同时也是5年的电商扶贫路。安厨的扶贫成绩主要体现在农产品的上行量、对农村人才的培训培养、电商平台的销量上,每一次活动都为脱贫攻坚贡献了力量。安厨累计完成县域农产品上行上亿元,打造乡镇品牌50个、村集体品牌146个,开展农业技术、农业电商、农业政策等培训班400期,为涉农企业、合作社、种植养殖大户、微商创业者等提供12 000人次培训,孵化电商人才达5000余人。安厨自主研发的农业电商平台——安厨微店已进入千家万户,平台店铺数量超2万个,服务家庭超过20万家;策划了中国首个农产品电商节"818好食节",其间安厨微店订单达115 027个,销售额达1132万元。

（二）主要做法

1.农业电商扶贫,打造县域农产品上行体系

一是完善农产品上行的配套基础设施。二是深度开发实现农产品"电商化"。三是构建专业的农业电商交易平台。

2.植根乡土特色扶贫,培育优质农业产业品牌

打造优质农业产业品牌。安厨累计开发安厨好蛋、天目山小香薯等优质农产品 1000 余件,带动农民人均增收 5000 元/年。通过系列化的产品电商化打造过程,安厨让莪山畲族乡农家纯手工粽子成功上线销售,15 个工作日内总订单已超过 21 万个,是以产品带动产业发展模式的一次有效尝试,让当地形成了"黄金粽"生产产业链,直接带动农民增收 4000 元/年以上。安厨团队历时 1 个月,下乡考察 80 余户小香薯种植户,选出直接供应商 3 家、备用供应商 7 家。安厨通过源头质量把控、标准认证、二维码溯源、包装设计等将小香薯搬上网络进行销售,让消费者看得见流程,吃得安心。在安厨"818 好食节"期间,仅 3 小时小香薯的销售就突破 500 千克。截至 2017 年 7 月,天目山小香薯在安厨平台上已累计销售达 1.75 万千克,销售额达 20 余万元。

2017 年,安厨围绕乡村振兴战略目标,结合桐庐母岭村产业优势,以产业兴旺为抓手,培养村民进行触网代言,打造农产品品牌,

搭建创意体验场景。其间,安厨打造了具有村域特色的村级品牌"母岭香",帮助发展母岭村桂花特色产业,3个月让村民创收50万元,帮助母岭村从负债190万元的经济薄弱村变成极具发展潜力的产业特色村,现今"母岭香"已成为集体创收的金字招牌。2018年,安厨打造了衢州市蛟垄村产业特色村,深度挖掘蛟垄小黄姜产品价值与文化内涵,构建小黄姜全渠道生态格局,开创"蛟垄小皇姜"产业特色品牌,并相继开发小黄姜系列5项单品。产品上线后,创下单品单日销售1180件的销售纪录,助力"蛟垄小皇姜"实现品牌溢价100万元。

打造乡镇特色区域公用品牌。第一,"策划开发＋运营管理＋营销推广",三位一体打造农业公用品牌优质名片。安厨通过市场调研、品牌定位、产品打造、宣传推广等步骤,设计logo,深挖卖点,结合线上线下推广,塑造特色区域品牌形象,提升市场知名度,助力产品溢价。第二,帮助乡镇把土特产和小品种产品做成带动农民增收的大产业。安厨利用桐庐分水镇的地域特色元素开发了6个系列产品,让品牌形象整体化展现,重点打造首个乡镇农业区域公用品牌——"分水粮言"。通过对"分水粮言"品牌的打造,分水镇6款农产品资源成功完成了由"产品"到"商品"的蜕变,上千户村民通过电商课程培训实现轻创业,变身成自家产品代言人。

3. 创新创业扶贫,培养县域人才,推动农产品持续上行

安厨注重对合作县域农业电商人才的培养培训,这为农产品的可持续上行打好了人才基础。安厨联合衢州、临安、淳安等地农

业局、残联、村委会等组织开展电商创业培训班400余期,手把手指导他们如何开店、卖货、赚钱;安厨还带动村民发展休闲农业,使其从卖产品走向卖服务、卖生活,从生产型农民发展为商业从业者,发展为文化及旅游的代言人。

"安厨模式"可复制易推广,期待"安厨模式"能被更多地方政府引入,帮助更多县域实现农产品上行,帮助更多贫困地区实现电商脱贫和农业产业发展。

十一、衢州市龙游县"龙游飞鸡"的电商精准助农 "造血"之路

"龙游飞鸡"作为一个垂直电商平台,将农民饲养的龙游麻鸡和鸡蛋销售至城市,解决了农户与市场信息不对称、供需两端对接难的问题。截至2018年4月,已经有近5000个家庭、5家直营社区店、10多家高档餐厅定期采购"飞鸡"和鸡蛋,年销售额达到8000万元以上,消费者遍及浙江、上海、江苏、深圳、北京各地,并逐渐辐射周边省市。养殖农户每年户均增收2万—5万元。

1. 创新"互联网+物联网"的管理模式

"龙游飞鸡"是龙游宗泰农产品有限公司的品牌,公司实行研发中心在杭州、管理总部在龙游、生产基地在农村的"蜂窝式"管理模式。公司现有龙游总部管理团队、杭州平台研发团队、智能

化技术指导团队等共计 37 人,拥有农民养殖团队 500 多户共 1000 多人,形成了集养殖、防疫、检验、物流、销售等服务于一体的管理服务团队。公司实行"三免两保十统一","三免"即免费提供 2 个月成熟鸡种,免费搭建鸡棚、围栏等农户配套设施,免费安装实时监控设备;"两保"即按市场价、保护价包销或收购鸡和鸡蛋;"十统一"即统一发放"飞鸡"、统一质量标准、统一防疫检疫、统一搭建鸡棚围栏、统一环保要求、统一技术指导、统一喂养标准、统一上保险、统一监控管理、统一收回销售。同时,对于购买"飞鸡"的用户应季配送龙游的菜籽油、茶叶、笋干和农民自种的时令蔬菜。目前,"龙游飞鸡"已带动 500 余户农户养殖增收,每户养殖 200—500 只鸡,年创收 2 万—5 万元不等。

2. 自主研发"龙游飞鸡"垂直电商平台

顾客通过自主研发的"龙游飞鸡"平台,可直播观看"龙游飞鸡"的养殖环境和生长实况,可直接下订单并跟踪物流情况,也可通过自己的朋友圈销售并分享 10% 的佣金。平台用户遍及浙江、上海、江苏、深圳、北京。"飞鸡"定价有 198 元及 298 元两种,鸡蛋 98 元一盒共 30 枚,同时推出"飞鸡"6000 元年卡、1800 元半年卡,"飞鸡"蛋 1200 元年卡和 500 元亲情卡,供平台用户使用。现阶段电商平台数据显示,每户社区家庭每月消费 700 元,"龙游飞鸡"平台预计未来 3 年可发展 6 个地区 5 万个家庭会员,年均家庭消费可达 5 亿元。

3.多产业融合,打造现代数字农业综合体

公司以旅游为先导,以产业为核心,结合农村文化风情和旅游景区资源,融合发展,打造宜产、宜居、宜游、宜休的多功能慢生活综合体。以"田园综合体＋乡村驿站"的模式,公司建设新农人田园综合体,把平台线上家庭引流到线下田园综合体体验农旅文化、乡村生活。同时,把综合体流量分流给由公司投入为养殖农户搭建的木屋——"龙游飞鸡"乡村驿站,驿站所得利润全归农民所有,公司只投资管理不参与利润分配。综合体分为五大板块:传统农耕、智慧农业;新农人科技馆;产业文创空间;候鸟人公寓;发烧友俱乐部。公司通过文创手法改造水、电、路、网、墙、房,帮助农民打造"美丽乡村"驿站,带农户创收,让绿水长流,把青山变金山。

4.致力于乡村振兴,推动农民增收、精准扶贫工作

通过发起"百城联百农,千企系千村""龙游飞鸡"互助联盟消除薄弱村集体行动,利用"龙游飞鸡"平台,牵线搭桥,让城市社区与农民,特别是残疾人、低收入家庭、重病患者家属、贫困大学生家庭、空巢老人和退伍军人结对,帮助农民包销鸡、蛋及当季蔬菜特产等。让企业与农村结对,结对模式为"公司投资包销＋村集体管理＋农民养殖"。企业采购"龙游飞鸡",按照管理服务标准,向村集体支付销售额的 10％为管理费,企业结对金额有 5 万元、10 万元、50 万元、100 万元几档,这些可以解决企业奖品、高管福利与绿

色餐桌问题,同时减少了薄弱村集体。

5. 助力东西部电商扶贫工作

2018 年 9 月 5 日,"龙游飞鸡"项目正式在四川省叙永县石厢子彝族乡启动,"龙游飞鸡"顺利"飞"入该乡的坡脚村、安乐村、水潦铺村、堰塘村 4 个村。项目帮扶对象精准到三类人:一是残疾人士、低保户家庭、低收入家庭等实际贫困户;二是有劳动能力但不能外出就业的农户;三是种养结合的种植农户。帮扶数量控制在每村 10—20 户之间,这样就控制了在同一区域内"飞鸡"的养殖密度,避免传播疾病。通过前期的走村入户和调查摸底,龙游宗泰农产品有限公司确定了第一批 40 户贫困户加入养殖队伍。

2018 年 10 月 11 日,第一批 3000 只 2 个月以上的成熟鸡苗途经 1726 千米,历经 20 多个小时运抵叙永;10 月 23 日,第二批 5000 只鸡苗也成功运抵,并全部发放到 40 户当地贫困农户手中。

"龙游飞鸡"扶贫项目将在叙永县分 3 年逐步实施。双方将结合自身的优势及资源,进一步完善合作模式,形成具有代表性的"'龙游飞鸡'叙永模式",使叙永成为乌蒙山片区精准脱贫的示范县。

十二、百e国际扶贫案例

1. 合作缘起：戈壁农业提质增效是沙窝窝变成金饽饽的关键所在

2017年，百e国际积极落实东西部扶贫协作企业结对帮扶工作部署，主动来到贫穷落后的甘肃干旱沙区，创新帮扶方式，助力当地脱贫攻坚。2017年10月17日，当地农产品龙头企业大漠紫光与百e国际正式达成战略合作，双方发挥各自优势，共同建设黑番茄生产基地，带动当地产业的蓬勃发展，助推脱贫攻坚。

2. 主要做法：为特色产业升级提供市场、物流、技术、品牌等的支持

在合作中，百e国际打出了7个"组合拳"，为当地黑番茄产业提质增效提供全方位支持。

一是通过给予大漠紫光公司资金与科研力量的支持，升级企业硬件设备，提升企业综合竞争力；

二是通过给企业提供各方面的专家指导，给农民提供种植专业知识和灌输市场意识，把关好产品品质，提升企业的综合实力；

三是基于后台大数据支持，用大数据指引企业和农民生产产品的数量，避免产能溢出；

四是通过强大的仓储物流系统、供应链体系,从硬件上解决黑番茄的物流问题;

五是基于品牌、营销、渠道和服务支持,让当地农产品成为市场认可的优质健康产品,让农民的好产品有销路,填补农村与城市交易闭环上的缺失;

六是通过专业的流通领域调查报告、法务维权等在内的各项支持和服务来保证运营无忧;

七是通过教育培训提升当地贫困人口的技能水平和脱贫能力,最终打破农村与城市"最后一千米"的市场壁垒。

3. 合作成果:电商扶贫给贫困地区戈壁农业插上跨越式发展的翅膀

通过百 e 国际电商平台,大漠的黑番茄已被销往全国各地,取得骄人业绩。截至 2018 年 11 月,黑番茄的销售额已达 0.36 亿元。高台县的黑番茄基地也有了一番全新的面貌,根据高台县政府工作报告,2017 年完成全县全年生产总值 50.08 亿元,而如今这里拥有了 2000 亩的大面积种植区域,生产黑番茄浓浆的目标也上升到了 2000 吨/年,更重要的是,带动了当地 2000 余户农民家庭共同参与,共享红利,直接和间接帮助了 6000 余名当地贫困农户,使种植黑番茄的农户亩均收入由种植常规作物的 2000 元左右提高到 7600 元以上,增收 2 倍以上,而且节水 45% 以上。以高台县南岔村为例,全村 323 户 1209 人,2016 年人均纯收入为 1 1821 元/年;成号村,全村 293 户家庭共 989 人,2016 年人均纯收入为 10 060 元/

年。两个村每年有近 300 人在大漠紫光基地务工,主要集中在春秋两季,其中长年在基地务工的村民有 40 多人,季节工每年可增收 8000 元左右,对于长年务工人员公司每人每月支付工资 3000 元左右。这让两个村村民共增加了 350 多万元的收入,人均增收 1601.5 元,占两村村民全年人均纯收入的 14.64%。图 2-12-1 为产业扶贫带来的人均可支配收入的变化,图 2-12-2 为产业扶贫带来的种植面积的变化,图 2-12-3 为产业扶贫带来的产量变化。(以下 3 图数据获取时间截至 2018 年 12 月。)

（元）

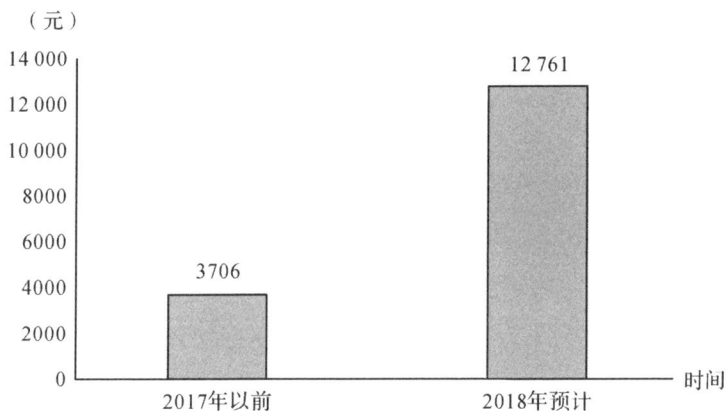

图 2-12-1 产业扶贫带来的人均可支配收入变化

（亩）

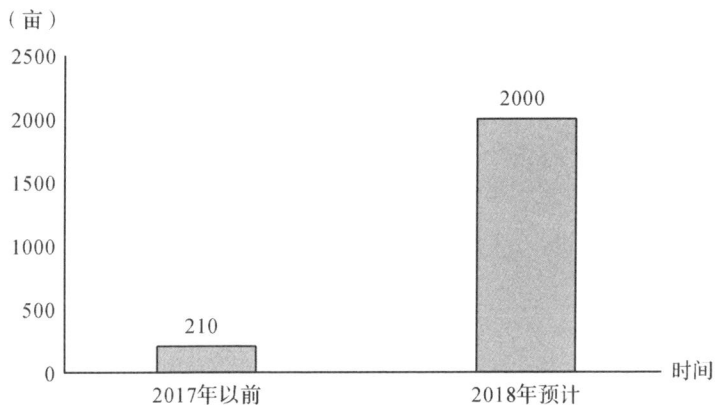

图 2-12-2 产业扶贫带来的种植面积的变化

（吨）

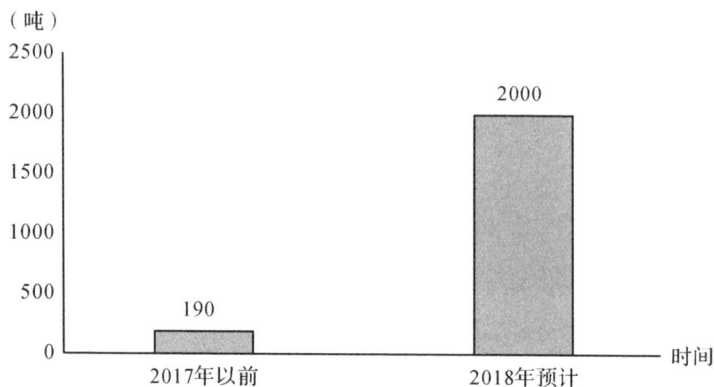

图 2-12-3　产业扶贫带来的产量变化

随着百 e 国际的发展壮大,企业领导人逐步意识到企业的社会责任与担当的重要性,用"授人以渔"的方式助贫困户脱贫,帮助他们走上小康之路;以技术手段帮助贫困户挖掘市场需求,提升生产目标性。百 e 国际通过不断地让贫困地区及其贫困户与市场化结合、挂钩,完成从"扶"到"走"再到"跑"的发展。

感谢以下人员对本书的编撰所做的贡献：

陈成城　王琳琍　彭玉波　王乔斌　吴　力　黄诗绮

薛婷婷　洪　凌　施　珍　钱　君　刘咏骏　许胜男

朱曼亭　彭灵峰　孙　路